ישיבה רפס
תיקלטיא תיתיב הציפ

תונמאב הטילשל רתויב םיבוטה תודוסהו םינוכתמה 100
(תוינועבצ תונומת 100) .תיקלטיאה הציפה

טנלס לב

.תורומש תויוכזה לכ

רותיו בתכ

רבחמש תויגטרטסא לש ףיקמ ףסוא שמשל רומא הזה ינורטקלאה רפסב לולכה עדימה
קר סה םיקירטו םיפיט ,תויגטרטסא ,םימוכיס .רקחמ ןהילע ךרע ינורטקלאה רפסה
םדאה לש תואצותהש חיטבת אל הז ינורטקלא רפס תאירקו ,רבחמה לש הצלמה
לכ תא השע ינורטקלאה רפסה רבחמ .רבחמה לש תואצותה תא קוידב ופקשי
רבחמה .ינורטקלאה רפסה יארוק רובע קיודמו ינכדע עדימ קפסל םיריבסה םיצמאמה
רמוחה .אצמיתש תונווכמ אל תוטמשה וא תועט לכל תוירחאב ואשי אל ויפתושו
ישילש דצ לש םירמוח .םיישילש םידדצ לש עדימ לולכל יושע ינורטקלאה רפסב
חקול וניא ינורטקלאה רפסה רבחמ ,הזכל .םהילעב ידי לע ועבוהש תועדמ םיבכרומ
תומדקתה ללגב םא ןיב .ישילש דצ לש העד וא רמוח לכל תובח וא תוירחא ומצע לע
המ ,הכירעה תשגה תויחנהבו תוינידמב םייופצ יתלבה םייונישה וא ,טנרטניאה
רחואמ םישי יתלב וא ןשוימ תויהל יושע הלא תורוש תביתכ ןמזב הדבועכ רמאנש
.רתוי

אל הז .תורומש תויוכזה לכ םע 2 202 © םירצוי תויוכז אוה ינורטקלאה רפסה
וא ולוכ הזה ינורטקלאה רפסהמ תרזגנ הדובע רוציל וא קיתעהל ,שדחמ ץיפהל יקוח
שרופמ רושיא אלל ,איהש הרוצ לכב הז חודמ קלח לכ רדשל וא לפכשל ןיא .וקלח
.בתוכהמ םותחו

םיניינעה ןכות

אובמ

?הציפ הז המ

יומד סורקמ תבכרומה ,יקלטיא אצוממ החותפו החוטש הדיטשפ איה הציפ
תוקריו םירשבב בורל תרטועמ ,הניבגו לבותמ תוינבגע בטור וילעמו םחל
.םיחולמ

.הבכרה תמרופטלפו הרוצ ,יבוע יפל הגווס הציפ ,יתרוסמ ןפואב

תוציפ גוויס

סורק יבוע

םרוגה איה קצבה תומכ .הבעו ינוניב ,קד סורק תואסרגב העיגמ הציפ
תקחשמ היילעה תומכ םג ,תאז םע .סורקה יבוע לע עיפשמה ירקיעה
ינפל חטשמ אוהש וא ,הדימה לע רתי חפת וא טעמ חפתש קצב .דיקפת
וא) חופתל םירשפאמש הזמ רתוי קד סורק רצייל הטונ ,הייפאה
.הייפאה ינפלו דודירה רחאל תילמיטפוא המרל (החפתהל

הרָוצ

הציפ .תוינבלמו תולוגע ,רמולכ - הרוצ יפל םג תוגווסמ תוציפ
- "תיקלטיא הייפאמ" הציפ םימעפל תארקנ תינבלמ תינבתב תרצוימה
רתויב הצופנה הרוצה איה הלוגע ,תאז םע .הרצונ איה ובש םוקמה
.הנכהל הלק יכה איהש ללגב הארנכ ,תוירציפב

יתנש בר הבוהא איהש ,בל תרוצב הציפ ומכ ,תודחוימ תורוצ םג שי
.הבהאה םויל

הָבָּכֹּרַה

םנשי ,ןורקיעב .תובכרומ ןה הילע המרופטלפה יפל םג תוגווסמ תוציפ
הציפ ,תבחמ הציפ הנוכמה - (טושמ וא) הפילקו ךסמ ,תבחמ :השולש
הקומע הציפ םג תארקנ ןאפ הציפ .המאתהב ,חאב היופא הציפו ךסמ
דועב תבחמב תושעיהל תוטונ רתוי הבע קצבמ תוציפ .תבחמ הציפו
לע התוא םיניכמ רשאכ .הפילק וא ךסמ לע בורל תובכרומ רתוי תוזרש
הציפ לע היצאירו .רונתה ןופיס וא חאה לע תורישי תיפאנ הציפ ,הפילק
רבעש רעוב אל רייג לע הציפה לש הייפאו הנכה תללוכ חאב היופא
.ןוקיליס

הציפ ינוכתמ

1. ףוע הציפ ויקיברב

ביכרמ

- f ןולפט ייריפס וא הציפה תפילקל הרטמ לכל חמק וא
- יתיב קצב 1
- דע םח ,םיפידעמ םתאש ןז לכב ושמתשה) ויקיברב בטור תופכ 6 ןותמ)
- ,ןשועמ ירציווש וא ןשועמ ןולובורפ (דנואפ 1/4) תויקנוא 4 ררוגמ
- לשובמו ץוצק ףוע רשב סוכ 1
- (סוכ 1/2 ךרעב) תויבוקל ךותח ,ןטק םודא לצב 1/2
- שבוימ ונגרוא תיפכ 1/2 וא םינוחט ונגרוא ילע תיפכ
- קד תררוגמ ,Parmigiana היקנוא
- הבוח אל ,םודא לפלפ יתיתפ תיפכ 1/2

העגה תוארוה:

(a .חמקב הציפ תפילק תולק קבא ,תישאר .הציפ ןבא לע ירט קצב המוג הליחת ידי לע לודג לוגיע ונממ םירצויו קצבה תא םיפיסומ תרזעב ובוציעו הצקב ותמרה ןכמ רחאלו ,תועבצאה תוצקב קצבה תא םיחינמ .םירטמיטנס 14-כ לש רטוקב לוגיעל םיידיה .הפילקה לע הטמ יפלכ חמוקמה

b) תא םיחינמו ןולפט סיסרתב םינמשמ .הציפ שגמ לע ירט קצב קצבה תא םילמוג .הייפאה תינבת וא שגמה זכרמב תילולתב קצבה דע קצבה תא םיצחולו םיכשומ ןכמ רחאלו ,תועבצאה תוצקב אל ןבלמ וא שגמה לע 'ץניא 14-כ לש רטוקב לוגיע רצוי אוהש .הייפאה תינבת לע ,'ץניא 13×7-כ ,רידס

c) ןבאב םישמתשמ םא הציפ תפילק לע ותוא םיחינמ .יופא םורק .הציפ שגמ לע שממ יופאה םורקה תא םיחינמ וא - הציפ

d) לע הווש ןפואב ויקיברבה בטור תא רזפל ידכ ימוג תירמב ושמתשה םהילעמ .הצקב 'ץניא 1/2 לש לובג תראשה ךות ,ןכומה קצבה .תררוגמה תנשועמה הניבגה תא

e) לצבה תויבוק תא םירזפמ זאו ,הניבגה לעמ ףועה יקלח תא םירדסמ .ונגרואהו

f) םא ,םודאה לפלפה יתיתפ תאו תררוגמה הנאי'גימרפה תא םיחטשמ וא - דואמ המחה ןבאל הפילקהמ יאפה תא קלחה .םהב םישמתשמ קלחה לע וא רונתב תורישי ולש יאפה םע הציפה שגמ תא חנה .םוחה רוקמ לעמ תורישי אצמנ וניאש לירגה לש

g) ףאו הסמנ הניבגהו ביהזמ םורקהש דע רוגס הסכמב םילוצ וא םיפוא הפילקה תא וקילחה .תוקד 18 דע 16 ,תולק םיחשהל הלחה שגמ תא וריבעה וא ןבאהמ התוא ריסהל ידכ םורקל תחתמ הרזחב דצב יאפה תא םיחינמ .תשרל יאפה םע חמקה הלע תא וא הציפה .השגההו דותיחה ינפל תוקד 5 לש ןוניצל

2. תוירטפו רקב הציפ

ביכְּרַמ

- ןולפט ייריפס וא הציפה תפילקמ קבא יוקינל הרטמ לכל חמק הציפה שגמ ןומישל
- יתיב קצב 1
- חלמ אלל האמח ףכ 1
- (סוכ 1/2 דרעב) ץוצק ,ןטק בוהצ לצב 1
- דרעב) קד תוסורפ ,ןבל רותפכ וא ינימרק תוירטפ תויקנוא 5 (תוסוכ 11/2
- הזר רקב רשב (דנואפ 1/2) תויקנוא 8
- שבי ןבל ןיי וא שבי טומרו ,שבי ירש תופכ 2
- םינוחט היליזורטפ ילע ףכ 1
- ריישרטסוו בטור תויפכ 2
- ןימיט ילע לועבג תיפכ 1
- םינוחט הוורמ ילע תיפכ 1
- חלמ תיפכ 1/2
- ירט סורג רוחש לפלפ תיפכ 1/2
- קובקבב קייטס בטור תופכ 2
- ררוגמ ,רד'צ תויקנוא 6

םינוויכ

a) קצב ירט לע ןבא .הציפ קבא תפילק הציפ חמקב עבק תא הבצק .וזכרמב .םירצוי הבצקמ לוגיע לודג לע ידי גומה תוצקב תועבצאה.

b) קצב ירט לע ןבא .הציפ קבא תפילק הציפ חמקב .םיחינמ וילע תא הבצק תרזעבו תוצק תועבצאה תא םירצוי הבצק לוגיעל לודג. הרימו תא הבצק הצקבו והופכים ותוא בידיים דע השהוא עיגיל רטוקב לש כ-14 סנטימטרים. םיחינמ תא הבצק המעוצב םע דצ חמוקמ כלפי מטה לע הקליפה.

c) קצב ירט לע גמש הציפ. םשנמים וא םע ספריי ןו-סטיק. הניחו תא הבצק לע המגש וא לע תבנית האפייה, ופתחו ותוא בקצות תועבצאה - ואז משוד ולחץ עליו דע שהוא יצור עיגול בגודל 14 איני'ץ לע 'ץניא 7 × 12 לדוגב רידס אל ןבלמ וא שגמה לע תבנית האפייה.

d) קורס אפוי. םיחינמ ותוא לע תפילק הציפ םא משתמשים באבן הציפ - וא םיחינמ תא הקורס האפוי שממ לע גמש הציפ.

e) ממסיםים תא החמאה במחבת גדולה לע שא בינונית. מוסיפים תא הבצל לבשל, דות ערבוב לעיתים קרובות, דע לריכוך, כ-2 דקות.

f) מוסיפים תא הפטריות ממשיכים לבשל, דות ערבוב מדי פעם, דע שהן מתרככות, משחררות תא הנוזל שלהן, וזה מתאדה לזיגוג, כ-5 דקות.

g) דע ,סעפ ידמ בוברע דות ,ןוחטה רקבה רשב תא המינפ םיררופמ תוקד 4-כ ,תלשובמו בטיה המחשהל.

h) בטור ,היליזורטפה תא ,ולש ףילחתה וא ,ירשה תא המינפ םיבברעמ דות לשבל םיכישממ .לפלפו חלמ ,הוורמ ,ןימיט ,ריישרטסוו שאהמ דצב םיחינמ .השבי בוש תבחמהש דע דימתמ בוברע.

i) לובג םיריאשמו ,סורקה לע הווש ןפואב קייטסה בטור תא םיחרומ לע רומשל ,ררוגמה רד'צה םע הלעמל .הצקב 'ץניא 1/2 לש יקנ הזה לובגה.

j) הניבגה יבג לע הווש ןפואב ןוחטה רקבה תבורעת תא םירזפמו ףכ. וא - המחה ןבאה לא הפילקהמ הציפה תא וקילחה ןכמ רחאל קלחה לע וא רונתב חמקה הלע וא הציפה שגמ לע יאפה תא וחינה לירגה תדרגמ לש םמוחמ אלה.

k) סורקהו עבעבל הלחה הניבגהש דע רוגס הסכמב םילוצ וא םיפוא חימצהל ודיפקה .תוקד 18 דע 16 ,עגמל ביצי טעמו הצקב םוחש דחוימבו הצקב דחוימב ,ירט קצב לע תוררועתמה ריווא תועוב הפילקה תא םיקילחמ .הייפאה לש תונושארה תוקדה 10 ךלהמב רחאלו ,יופיצה תא רוקעל אל הדפקה דות ,סורקל תחתמ הרזחב הציפה שגמ לע הציפה תא וחינה וא - תוקד 5-ל דצב םיחינמ ןכמ ןוויכמ .םישיגמו םיסרופש ינפל ןמז קרפ ותוא ךשמל תשר לע הציפה תא ריסהל היהי ןתינ אלש ןכתיי ,דחוימב םידבכ םיגניפהש םא .דותיחה ינפל הייפאה תינבת וא שגמה ,הפילקהמ תולקב לכ תא תוריהזב וריבעה ,הייפא ריינב וא ןולפט שגמב םישמתשמ קיטס-ןונה חטשמב םיצירח עונמל ידכ דותיח שרקל יאפה.

3. הניבגו ילוקורב בטורב הציפ

ביכרמ

- ןומישל ןולפט ייריפס וא הציפ תפילק קבא יוקינל הרטמ לכל חמק הציפ שגמ
- יתיב קצב 1
- חלמ אלל האמח תופכ 2
- הרטמ לכל חמק תופכ 2
- ןמוש לוטנ וא ןמוש לד ,ליגר בלח תוסוכ 11/4
- ררוגמ ,רד'צ תויקנוא 6
- ןו'זיד לדרח תיפכ 1
- שבוימ ןימיט תיפכ 1/2 וא ןימיט ילע לועבג תיפכ 1
- חלמ תיפכ 1/2
- ךירה םודא לפלפ בטור תורוק המכ
- ,םיאופק וא םידואמ ילוקורב יחרפ ,םיירט ילוקורב יחרפ תוסוכ 3) םירשפומ
- קד תררוגמ ,*Grana Padano* וא **Parmigiana** תויקנוא 2

:העגה תוארוה

a) תא םיחינמ .חמקב הציפ תפילק קבא .הציפ ןבא לע ירט קצב המוג ידי לע לודג לוגיע קצבהמ םירצויו הפילקה זכרמב קצבה תקזחה ידי לע ותוא בבוסו קצבה תא םירה .תועבצאה תוצקב

לוגיע אוה סורקהש דע ,ידכ ךות טעמ ותוא ךשומ ,ולש הצקה יפלכ חמוקמה דצה םע ותוא םיחינמ .םירטמיטנס 14-כ לש רטוקב .הפילקה לע הטמ

b) -ןוב ייריפס םע רחא וא דחא םינמשמ .הציפ שגמ לע ירט קצב תא םיחמוג ,הייפאה תינבת וא שגמה לע קצבה תא םיחינמ .קיטס תא םיסימממ .חוטש לוגיע תלבקל דע תועבצאה תוצקב קצבה דע חמקה תא המינפ םיפיצקמ .תינוניב שא לע לודג ריסב האמחה תינידנולבל תכפוה הלבקתהש תבורעתהו הקלח תבורעת תלבקל .הקדכ ,דואמ הריהב

c) םיקצוי ,בלחה תא המינפ םיפרוטו הכומנ-תינוניב שאה תא םיכימנמ ךשמה .חמקהו האמחה תבורעת ךותל ביציו יטיא םרזב ותוא רתוי תצק ילוא ,תסמומ הדילג ומכ ,ךימסמש דע שאה לע ףיצקהל תא םיריסמ .החיתר לש ןושארה ןמיסב וא תוקד 3-כ ,הקד ,ןימיט ,לדרח ,ררוגמ רד'צ בטור המינפ םיפרוטו שאהמ תבחמה דע 10 ךשמב םיננצמ .(םעטה יפל) ףירח םודא לפלפ בטורו חלמ .םעפ ידמ הפירט ךות ,תוקד 15

d) שמתשמ התא םא .הז בלש לע גלד ,יופא סורק םע דבוע התא םא הסוכמ אל ןיידע ךא בצועמה סורקה תא קלחה ,ירט קצבב תינבת וא שגמה לע סורקה תא חנה וא המחה ןבאה לא הפילקהמ וא םיפוא .לירגה לש םמוחמ אלה קלחה לע וא רונתב ולש הייפאה תועוב לע הדפקה ךות ,ריהב םוח סורקהש דע רוגס הסכמב םילוצ .תוקד 12-כ ,והצקב וא ולש חטשה ינפ לע תוררועתמה ריווא - ןבאהמ התוא ריסהל ידכ סורקל תחתמ הרזחב הפילקה תא קלחה .תשרל סורקה םע הציפה שגמ תא ירבעה וא

e) לש לובג םיריאשמו, סורקה לע דימסה הניבגה בטור תא םיחרומ
םתוא םירדסמ, ילוקורבה יחרפ תא םהילעמ. הצקב 'ץניא 1/2
ןפואב הווש לע בטורה. םירזפמ תא הנאי'גימרפה תררוגמה.

4. פיצה ברוטב ברוקולי ורוטב עגבניות

ביכרמ

- שגמ ןומישל תיז ןמש וא הציפ תפילק קבאל בוהצ סרית חמק וא הציפ
- יתיב קצב 1
- יולק םודא לפלפ וא תנצנצב לודג וטנאימיפ 1
- םודא לפלפ יתיתפ תיפכ 1/2
- יסאלק הציפ בטור סוכ 1/2
- תררוגמ ,הלרצומ תויקנוא 3
- ררוגמ ,יטראווה וא ,רטסנימ ,תויקנוא 3 לש ןולובורפ
- םידואמ ,םיירט םיחרפ וא םיאופק ילוקורב יחרפ תוסוכ 2
- קד תררוגמ ,Grana Padano וא Parmigiana היקנוא 1

םינוויכ

a) קצבה תא עבק חמקב הציפ תפילק קבא .הציפ ןבא לע ירט קצב .תועבצאה תוצקב המוג ידי לע לודג לוגיע קצבהמ םירצוי .וזכרמב

b) תא םיחינמ .סרית חמקב הציפ תפילק קבא .הציפ ןבא לע ירט קצב דע תועבצאה תוצקב ותוא םיצרוח זאו הפילקה לע שוגכ קצבה יתשב והצקב ותוא וקיזחה ,קצבה תא ומירה .לודג לוגיע תלבקל רטוקב לוגיעל דפוה אוהש דע ,טעמ חתמנ ,ותוא ובבוסו ,םיידיה לע הטמ יפלכ סריתה חמק םע ותוא וחינה .םירטמיטנס 14-כ לש

ריבש תויהל יושע אוה ,ןימסוכ הציפ קצבב תשמתשה םא .הפילקה
וז הקינכטב בצעל ידמ

c) הייפאה תינבת וא שגמה תא םינמשמ .הציפ שגמ לע ירט קצב
תוצק םע ותוא ומוגו םהמ דחא לע קצבה תא וחינה .תיז ןמשב
לדוגב לוגיע רצוי אוהש דע קצבה לע ץחלו דושמ זאו - תועבצאה
7 לע 'ץניא 13 דרואב ,רידס אל ןבלמ וא שגמה לע 'ץניא 14
לע ותוא םיחינמ .יופא םורק .הייפאה תינבת לע ,בחור 'ץניא
תא םיחינמ וא - הציפ ןבאב םישמתשמ םא תחמוקמ הציפ תפילק
.הציפ שגמ לע שממ יופאה םורקה

d) דע ןוזמ דבעמ ינימב םודאה לפלפה יתיתפ םע וטניימיפה תא םינחוט
דע ילע םע שתכמב םתוא םינחוט ,ןיפוליחל .קלח םקרמ תלבקל
ןפואב הציפה בטור תא םיחרומ .שירִפֲהַל .הקלח הסיע תלבקל
.הצקב 'ץניא 1/2 לש לובג םיריאשמו ,ןכומה םורקה לע הווש
הז לובג לע הרימש דות ,תוררוגמה תוניבגה יתש םע הלעמל
.םלש

e) תא םיריאשמ בושו ,הדיטשפל ביבסמ ילוקורבה יחרפ תא םירזפמ
דות ,לעמ וטניימיפה תיחמ תא םידקנמ .עגפ אלל הזה לובגה
.קד תררוגמה הנאי'גימרפה תא לעמ .ףכ לכל תחא תיפכב שומיש
םא וא - המחה ןבאה לא הפילקהמ הציפה תא תוריהזב קלחה
הלש יאפה םע וא וחינה ,הייפא רײנב וא הציפ שגמב תשמתשה
.לירגה לש םמוחמ אלה קלחה לעמ וא רונתב

f) םודאה בטורה ,הסמנ הניבגהש דע רוגס הסכמב םילוצ וא םיפוא
.תוקד 18 דע 16 ,עגמל ביציו בוהז םוח םורקהו ךימס

g) התוא דירוהל ידכ הציפל תחתמ הרזחב הפילקה תא וקילחה וא
תינבתה וא שגמה לע הציפה תא וריבעה וא דואמ המחה ןבאהמ
תא רסה ,דירפ ראשיי םורקהש חיטבהל םכנוצרב םא .תשרל הלש

ךשמב ררקתהש רחאל הייפאה תינבתמ וא שגמה ,הפילקהמ יאפה
,הרקמ לכב .תשרה לע תורישי הציפה תא חנה ,תחא הקדכ
.םיסרופש ינפל תוקד 5 לכה ךסב םיננצמ

5. ולאפוב ךוע תציפ

ביכּרמַ

- ןומישל החולמ אל האמח וא הציפ תפילק קבאל בוהצ סרית חמק הציפ שגמ
- יתיב קצב 1
- חלמ אלל האמח ףכ 1
- קד סורפ ,תויקנוא 10 לש תומצע אלל ףוע הזח
- וקסבט יוצר ,ףירח םודא לפלפ בטור ףכ 1
- ריישרטסוו בטור ףכ 1
- ץנייה ומכ ,קובקבב ילי'צ בטור תופכ 6
- תררוגמ ,הלרצומ תויקנוא 3
- ררוגמ ,ק'ג יירטנומ תויקנוא 3
- קד תוסורפ תוינוניב ירלס תועלצ 3
- וא תינד הלוחכ ,הלוזנוגרוג ומכ ,תויקנוא 2 לש הלוחכ הניבג רופקור

םינווכ

(a קצבה תא עבק חמקב הציפ תפילק קבא .הציפ ןבא לע ירט קצב .תועבצאה תוצקב המוג ידי לע לודג לוגיע קצבהמ םירצוי .וזכרמב

b) בצק טרי על אבן פיצה. אבק קליפת פיצה בקמח תירס. מניחים את הבצק במרכז הקליפה ויוצרים מהבצק עיגול גדול על ידי גומה בקצות האצבעות. הרימו את הבצק ועצבו אותו בעזרת הידיים, מחזיקים את הקצה שלו, הופכים את הבצק באיטיות עד לקבלת עיגול בקוטר של כ-14 סנטימטרים. הניחו אותו עם קמח התירס כלפי מטה על הקליפה.

c) בצק טרי על תבנית אפייה. מרחו מעט חמאה ללא מלח על מגבת נייר, ולאחר מכן שפשפו אותה סביב מגש פיצה כדי לשמן אותה היטב. מניחים את הבצק על המגש או תבנית האפייה, גומחים את הבצק בקצות האצבעות עד לקבלת עיגול שטוח. לאחר מכן משוך ולחץ עליו עד שהוא יוצר עיגול בגודל 14 אינץ' על המגש או מלבן לא סדיר בגודל 12 × 7 אינץ' על תבנית האפייה. קרוס אפוי. מניחים אותו על קליפת פיצה מאובקת קמח תירס אם משתמשים באבן פיצה - או מניחים את הקרוס האפוי על מגש פיצה עם חמאה או תבנית אפייה גדולה.

d) ממסים את החמאה במחבת גדולה או בווק על אש בינונית. מוסיפים את טבח העוף הפרוס, תוך ערבוב לעתים קרובות, עד שהוא מוכן, כ-5 דקות. מסירים את המחבת או הווק מהאש ומערבבים פנימה את רוטב הפלפל האדום החריף ואת רוטב ווסטרשייר. מורחים את רוטב הצ'ילי על הקרוס, דואגים להשאיר גבול של 1/2 אינץ' בקצה. מניחים את הפרוסות המצופה על הרוטב.

e) מעליהם את המוצרלה המגוררת ואת מונטריי ג'ק, תוך שמירה על קצה הקרום. מפזרים את הסלרי הפרוס באופן שווה על הפיצה. לבסוף, מפוררים את הגבינה הכחולה באופן אחיד בטפטופים קטנים ומטפטפים על כל התוספות האחרות.

6. פיצה מנגולד וגבינה כחולה

ביכרמ

- ריינ וא הציפה שגמל קיטס-ןונ יירפס וא הפילקל בוהצ סרית חמק הייפאה
- ,יתיב קצב 1
- חלמ אלל האמח תופכ 2
- תוצוצק ,סוש יניש 3
- םילועבג םע תוררוגמ ,בטיה תוזורא ירציווש דלוגנמ ילע תוסוכ 4
- תררוגמ ,תויקנוא 6 לש הלרצומ
- רופקור וא ינד לוחכ ,תררופמ הלוזנוגרוג סוכ 1/3
- ררוגמ טקסומ זוגא תיפכ 1/2
- ילנויצפוא ,סודא לפלפ יתיתפ תיפכ 1/2 דע

העגה תוארוה

a) קצבה תא עבק חמקב הציפ תפילק קבא .הציפ ןבא לע ירט קצב .תועבצאה תוצקב המוג ידי לע לודג לוגיע קצבהמ םירצוי .וזכרמב

b) זאו ,סרית חמקב הציפ תפילק קבא .הציפ ןבא לע ירט הציפ קצב המוג ידי לע לודג לוגיע ונממ םירצוי .וזכרמב קצבה תא םיחינמ ,םיידיה תרזעב ותוא ובצעו ותוא ומירה .תועבצאה תוצקב רטוקב אוהש דע קצבה תא טאל םיכפוה ,ולש הצקה תא םיקיזחמ

הטמ יפלכ חמוקמה דצה םע ותוא םיחינמ .םירטמיטנס 14-כ לש
.הפילקה לע

c) -ןוב ייריפס םע םהמ דחא לכ םינמשמ .הציפ שגמ לע ירט קצב
תא ולמוגו הייפאה תינבת וא שגמה לע קצבה תא וחינה .קיטס
דע ותוא םיצחולו םיכשומ ןכמ רחאל - תועבצאה תוצקב קצבה
לדוגב רידס אל ןבלמ וא שגמה לע 'ץניא 14 לדוגב לוגיע רצונש
.הייפאה תינבת לע 'ץניא 7 × 12

d) ןבאב םישמתשמ םא הציפ תפילק לע ותוא םיחינמ .יופא םורק
.הציפ שגמ לע שממ יופאה םורקה תא םיחינמ וא - הציפ

e) תא םיפיסומ .תינוניב שא לע הלודג תבחמב האמחה תא םיממחמ
.הקד ךשמב םילשבמו םושה

f) םע תובורק םיתעל םיבברעמ ,םילשבמו םיקוריה תא םיפיסומ
.תוקד 4-כ ,םילובנו םיכר םהש דע ,תוגלזמ ינש וא םייחקלמ
.שירְפַּהֶל

g) 1/2 לש לובג םיריאשמו ,קצבה לע תררוגמה הלרצומה תא םירזפמ
.הצקל ביבסמ 'ץניא

h) הלוחכה הניבגה תא םירזפמ זאו ,תבחמהמ םיקוריה תבורעת םע לעמ
יתיתפ לע םירזפמו לעמ טקסומה זוגא תא םיררגמ .הציפה לע
.םיצור םא ,םודאה לפלפה

i) לע יאפה תא וחינה וא המחה ןבאה לא הפילקהמ הציפה תא וקילחה
לש םמוחמ אלה קלחה לע וא רונתב חמקה הלע לע וא שגמה
תעבעבמו הסמנ הניבגהש דע רוגס הסכמב םילוצ וא םיפוא .לירגה
הרזחב הפילקה תא וקילחה .תוקד 18 דע 16 ,עגמל ביצי םורקהו

התוא וחינה זאו ,המחה ןבאהמ התוא דירוהל ידכ הדיטשפל תחתמ
.תשרל הייפאה רייג לע וא שגמה לע יאפה תא וריבעה וא - דצב
.םיסרופש ינפל תוקד 5 םיננצמ

7. מודא לפלפו וסירו'צ הציפ

ביכרמ

- קיטס-ונ ייריפס וא הפילקה קבא יוקינל הרטמ לכל חמק וא הציפה שגמ ןומישל
- ,יתיב קצב 1
- ינוניב םודא לפלפ 1
- ןמשב תוזורא תושבוימ תוינבגע
- םיעברל הכותח ,םוש ןש 1
- תררוגמ ,ק'ג ייריטנומ וא הלרצומ תויקנוא
- קד סורפ ,הליכאל ןכומ ידרפס וסירו'צ (דנואפ 1/4) תויקנוא 4
- םיסורפ םינעלוגמ םיקורי םיתיז סוכ 1/2
- תוקד תועוצרל תוחלוגמ ,הנאיגימרפ וא וג'צנמ תויקנוא 3

םינויכ

a) קצבה תא עבק חמקב הציפ תפילק קבא .הציפ ןבא לע ירט קצב .תועבצאה תוצקב המוג ידי לע לודג לוגיע קצבהמ םירצוי .וזכרמב

b) רחאלו ,חמקב הציפ תפילק קבאב לחתה .הציפ ןבא לע ירט קצב ידכ תועבצאה תוצקב ושמתשה .וזכרמב קצבה תא םיחינמ ןכמ םרה .חטשמ לוגיע תלבקל דע טעמ ותוא רזפל ,קצבה תא עומגל דע טאל ותכיפהו ולש הצקה תקזחה ידי לע ותוא בצעו ותוא

לקוטר של כ-14 אינץ'. מניחים אותו עם הצד המקומח כלפי מטה על הקליפה.

c) בצק טרי על תבנית אפייה. משמנים מגש פיצה בספריי טפלון. הניחו את הבצק על המגש או תבנית האפייה, ותעלו אותו בקצות האצבעות עד שיהיה עיגול שטוח - ואז מושכים ולוחצים אותו עד שנוצר עיגול בגודל 14 אינץ' על המגש או מלבן לא סדיר בגודל 17 × 12 אינץ' על תבנית האפייה. קרום אפוי. מניחים אותו על קליפת פיצה מקומחת אם משתמשים באבן פיצה - או מניחים את הקרום האפוי ממש על מגש פיצה.

d) מניחים את הפלפל על נייר אפייה קטן עם שפתיים וצולים 4 עד 6 אינץ' מפטם שחומם מראש עד להשחיר מסביב, הופך מדי פעם כ-4 דקות. בכל מקרה, מניחים את הפלפל המושחר בקערה קטנה וסוגרים היטב בניילון נצמד או סוגרים בשקית נייר. מניחים בצד ל-10 דקות.

e) מקלפים את החתיכות החיצוניות המושחרות מהפלפל. אין צורך להסיר כל חתיכה שחורה קטנה. גבעול, ליבה וזרע את הפלפל לפני שקורעים אותו לחתיכות גדולות. מניחים את החלקים האלה במעבד מזון. מוסיפים את העגבניות המיובשות והשום מעבדים עד לקבלת עיסה חלקה למדי, מגרדים את הצדדים עם מרית גומי לפי הצורך. מורחים את תערובת הפלפלים על הקרום, ומשאירים גבול של 1/2 אינץ' בקצה. משטחים את תערובת הפלפלים עם הגבינה המגוררת, ולאחר מכן מסדרים את פרוסות הצ'וריסו מעל הפיצה.

f) מפזרים את הזיתים על הפאי, ולאחר מכן מניחים את רצועות המנצ'גו המגולחות על פני התוספות.

8. דלוגנמו הקילד הציפ

ביכרמ

- הציפה שגמל תיז ןמש וא הציפה תפילקל הרטמ לכל חמק
- יתיב קצב 1
- חלמ אלל האמח ףכ 1
- (סוכ 1/2 דרעב) ץוצק ,ןטק בוהצ לצב
- תעלד 3 וא 2) תויבוקל הכותחו העורז הטקילד תעלד סוכ (תינוניב
- םילועבג םע םיצוצק ירציווש דלוגנמ ילע תוסוכ 4
- שבי טומרו וא שבי ןבל ןיי סוכ 1/4
- לפיימ פוריס ףכ
- םינוחט הוורמ ילע תיפכ 1
- ןוחט ןומניק תיפכ 1/2
- חלמ תיפכ 1/2
- ירט סורג רוחש לפלפ תיפכ 1/2
- ררוגמ ,הניטנופ תויקנוא 8

העגה תוארוה

(a קצב ירט לע ןבא הציפ. אבק תפילק הציפ בקמח עבק תא הבצק
בזכרמו. ויצרים מהבצק עיגול לוגד לע ידי גומה בקצות האצבעות.

(b קצב ירט לע ןבא הציפ. מפזרים קלות תפילק הציפ בקמח.
מוסיפים תא הבצק ויצרים ממנו עיגול לוגד לע ידי גומה בקצות
האצבעות. הרם ואות בשתי ידיים בקצה בוסו ואות באיטיות,
תנו לכוח הכבידה למתוח תא העיגול בזמן שאתם סובבים תאז גם
בקצה שלו, דע שהוא בקוטר של כ-14 אינץ'. מניחים תא הבצק
המעוצב עם צד מקומח כלפי מטה לע הקליפה.

(c קצב ירט לע גמש הציפ. משמנים קלות תא המגש וא תבנית
האפייה במעט שמן זית. הנח תא הבצק במרכז ושקע תא הבצק
בקצות האצבעות כדי לשטח ואות לעיגול עבה - ואז משוד ולחץ
עליו דע שנוצר עיגול בגודל 14 אינץ' לע המגש וא למלבן אל
סדיר בגודל 12 × 7 אינץ' לע תבנית האפייה. .

(d קרום אפוי. מניחים ואות לע קליפת הציפה מקומחת אם משתמשים
באבן הציפה - וא מניחים תא הקרום האפוי לע מגש הציפה. ממסים
תא החמאה במחבת גדולה לע אש בינונית ואז מוסיפים תא הבצל
ומטגנים תוך ערבוב דע שמתחיל לשקיפות, כ-3 דקות. מערבבים
פנימה תא כוביות הדלעת ומבשלים, תוך ערבוב דמי פעם, בשמך
4 דקות. מוסיפים תא המנגולד הקצוץ ויצקים פנימה תא היין וא
הוורמוט. מערבבים לכ הזמן דע שנבלים החליקת ואז מערבבים
פנימה תא סירופ המייפל, המרווה, הקינמון, המלח והפלפל.

(e מערבבים היטב, מכסים, מנמיכים תא האש למנוכה ומבשלים תוד
כדי ערבוב דמי פעם דע שהמנגולד והדלעת רכים והנוזלים
מתאדים לזיגוג, כ-8 דקות. מורחים תא הפטונינה המגורררת באופן
שווה לע הקרום, ומשאירים גבול של 1/2 אינץ' מסביב לקצה.

(f מורחים תא הדלעת והמנגולד צברה אחידה לע הגבינה. החליקו את
הקרום מהקליפה לע האבן וחממות וא הניחו תא הפאי לע המגש

.לירגה לש םמוחמ אלה קלחה לעמ וא רונתב הייפאה תינבת וא
ךפה םורקהו תעבעבמ הניבגהש דע רוגס הסכמב םילוצ וא םיפוא
.תוקד 18 דע 16 ,בוהז םוחל

g) ןבאהמ התוא ריסהל ידכ םורקל תחתמ הרזחב הפילקה תא םיקילחמ
לע וא שגמה לע יאפה תא םיריבעמ וא ,תוקד 5 ךשמב םיננצמו
.תוקד 5 ךשמב ררקתהל תשרל הייפאה רייג

9. זוורב יפנוק הציפ

ביכרמ

- הציפה שגמל ןולפט יירפס וא הציפה תפילקל הרטמ לכל חמק
- יתיב קצב 1
- ררוגמ ,רייורג (דנואפ 1/4) תויקנוא 4
- ףוטשו ןקורמ ,תרמושמ הנבל תיעועש סוכ 1/3
- יולק םוש שאר 1
- תשבוימ הוורמ ףכ 1 וא םינוחט הוורמ ילע תופכ 2
- שבוימ ןימיט תיפכ 1 וא םילועבג ןימיט ילע תויפכ 2
- חלמ תיפכ 1/2
- ירט סורג רוחש לפלפ תיפכ 1/2
- ררוגמ רשבהו םצע תולוטנ ,תויקנוא 4 לש זוורב יפנוק ילגר
- קד הסורפ ,הליכאל הנכומ ,תנשועמ הסבליק תויקנוא 2
- קד תררוגמ ,הנאיג׳ימרפ תויקנוא 1 /2

םינווכ

a) קצבה תא עבק חמקב הציפ תפילק קבא .הציפ ןבא לע ירט קצב .תועבצאה תוצקב המוג ידי לע לודג לוגיע קצבהמ םירצוי .וזכרמב

b) ועבק ,חמקב הציפ תפילק םתקבאש רחאל .הציפ ןבא לע ירט קצב
םיחתומ ,תועבצאה תוצקב קצבה תא ולמוגו וזכרמב קצבה תא
ולש הצקב ותוא םרה .לתופמו חטושמ לוגיע תלבקל דע ותוא
הצקה תא חתומ ךכ ידכ ךות ,ךלש םיידיב תויטיאב ותוא בבוסו
תא םיחינמ .'ץניא 14-כ לש רטוקב לוגיע היהי הזש דע ,ולש
.הפילקה לע הטמ יפלכ חמוקמה קצבה

c) תא םיחינמו ןולפט סיסרת םע וא םינמושמ .הציפ שגמ לע ירט קצב
ךושמ זאו - תועבצאה תוצקב קצבה תא םילמוג .וזכרמב קצבה
שגמה לע 'ץניא 14 לדוגב לוגיע רצוי אוהש דע קצבה לע ץחלו
,'ץניא 7 לש בחורו 'ץניא 12-כ לש ךרואב ,רידס אל ןבלמ וא
הציפ תפילק לע ותוא םיחינמ .יופא םורק .הייפאה תינבת לע
יופאה םורקה תא םיחינמ וא - הציפ ןבאב םישמתשמ םא תחמוקמ
.ןמושמה הציפ שגמ לע

d) 1/2 לש לובג םיריאשמו ,םורקה לע ררוגמה רייורגה תא םיחרומ
תא םיטחוס זאו ,תיעוצעשה םע הניבגה תא םיחטשמ .הצקב 'ץניא
עבר ,יולק יולק םושב שמתשמ התא םא .הציפה לעמ םושה תסיע
,הוורמ םירזפמ .יאפה לע ןתוא רזפל היהי ןתינש ידכ םייניגשה תא
.לפלפו חלמ ,ןימיט

e) לעמ הסבליקה ילוגיע תאו ררוגמה זוורבה יפנוק רשב תא םירדסמ
יאפה תא וקילחה .תררוגמה הנאי'גימרפה תא םילעמ זאו ,יאפה
הציפה שגמ לע יאפה תא וחינה וא תממוחמה ןבאה לע הפילקהמ
.לירגה לש םימוחמ אלה קלחה לע וא רונתב ולש

f) ביצי תצקו לק םוחש םורקהש דע רוגס הסכמב םילוצ וא םיפוא
לש תווצקל ביבסמ ריווא תועוב תוצצ םא .תוקד 18 דע 16 ,עגמל
.גלזמב ןתוא םירקוד ,ירט קצב

10. פיצה קציצות

ביכרמ

- הציפה שגמל תיז ןמש וא הציפה תפילקל הרטמ לכל חמק וא
- יתיב קצב 1
- הזר רקב רשב (דנואפ 1/2) תויקנוא 8
- םיצוצק היליזורטפ ילע סוכ 1/4
- םיליגר םישבוימ םחל ירוריפ תופכ 2
- קד םיררוגמ ,ונירוקפ וא ונאדפ הנרג ,וגאיסא היקנוא יצח
- שבוימ ונגרוא תיפכ 1 וא םינוחט ונגרוא ילע תויפכ 2
- רמוש יערז תיפכ 1/2
- חלמ תיפכ 1/4
- תונוחט ,םוש יניש 5 ירט סורג רוחש לפלפ תיפכ 1/4
- תיז ןמש ףכ 1
- (סוכ 1/2 דרעב) ץוצק ,ןטק בוהצ לצב 1
- תויקנוא 14 לדוגב תוקסורמ תוינבגע תיחפ
- ןימיט ילע לועבג תיפכ 1
- ןרופיצ תיפכ 1/4-ו ןוחט וא ררוגמ טקסומ זוגא תיפכ 1/4 ןוחט
- םודא לפלפ יתיתפ תיפכ 1/4

- תררוגמ ,תויקנוא 6 לש הלרצומ
- תוקד תועוצרל חלוגמ ,Parmigiana תויקנוא 2

םינויכ

a) תא םיחינמ ,חמקב הציפ תפילק םירזפמ .הציפ ןבא לע ירט קצב
תוצקב המוג ידי לע לודג לוגיע קצבהמ םירצויו וזכרמב קצבה
ולש הצקה תקזחה ידי לע ותוא ובצעו ותוא ומירה .תועבצאה
-כ לש רטוקב אוהש דע ,תונידעב ותחיתמ ךות תאז לכ ,ובוביסו
14 'ץניא .םיחינמ ותוא םע דצה חמוקמה יפלכ הטמ לע הפילקה.

b) ריינ תבגמ לע תיז ןמש טעמ ףטפטל .הציפ שגמ לע ירט קצב
קצבה תא ולמוגו עצמאב קצבה תא וחינה .שגמה תא ןמשלו
םיצחולו םיכשומ זאו - חטושמ לוגיע אוהש דע תועבצאה תוצקב
אל ןבלמ וא שגמה לע 'ץניא 14 לדוגב לוגיע רצונש דע ותוא
הייפאה תינבת לע 'ץניא 7 × 12 לדוגב רידס.

c) הציפ ןבאב םישמתשמ םא תחמוקמ הציפ תפילק לע ותוא םיחינמ
ןמושמ הציפ שגמ לע יופאה םורקה תא םיחינמ וא - .

d) ירוריפ ,היליזורטפה ,ןוחטה רקבה רשב תא הלודג הרעקב םיבברעמ
תיפכ 1/2 ,רמושה יערז ,ונגרואה ,תררוגמה הניבגה ,םחלה
10 םירצוי .הנוחט םוש ןש 1-ו לפלפהמ תיפכ 1/2 ,חלמההמ
תחא לכל תבורעתהמ תופכ 2-כ תרזעב ,תוציצק.

e) לצבה תא םיפיסומ .תינוניב שא לע בחר ריסב תיזה ןמש תא םיממחמ
םיתעל בוברע ךות ,םילשבמ תורתונה תונוחטה םושה ינש 4 תאו
תוקד 3-כ ,קוכירל דע ,תובורק.

f) ,טקסומה זוגא ,ןימיטה ,תוקסורמה תוינבגעה תא המינפ םיבברעמ
תרתונה חלמה תיפכ 1/4 תא ,םודאה לפלפה יתיתפ ,ןרופיצה
םיאיבמו תוציצקה תא םיפיסומ .תרתונה לפלפה תיפכ 1/4 תאו
.החיתרל

g) דימסמ בטורהש דע הסכמ אלל םילשבמו הכומנל שאה תא םיכימנמ
רדחה תרוטרפמטב םיננצמ .תוקד 20-כ ,תולשובמ תוציצקהו
.תוקד 20 ךשמל

h) לובג םיריאשמו ,ןכומה םורקה לע תררוגמה הלרצומה תא םיחרומ
תוינבגעה בטורמ תוציצקה תא םיאיצומ .הצקב 'ץניא 1/2 לש
,הניבגה לע תוינבגעה בטור תא םיחרומו ךכ .דצב ןתוא םיחינמו
.םלש לובגה לע רומשל םיגאוד

i) הטמ יפלכ םיכותחה םיאצחה תא םיחינמו םיינשל הציצק לכ םיצוח
תא ןכמ רחאלו לפלפה תויבוק םע הלעמלמ .יאפה לכ לע
המחה ןבאל הפילקהמ הציפה תא וקילחה .תחלוגמה הנאי'גימרפה
וא רונתב הלש הייפאה תינבת וא שגמה לע הציפה תא וחינה וא
.לירגה לש םמוחמ אלה קלחה לעמ

j) םוחל ךפה םורקהו עבעבמ בטורהש דע רוגס הסכמב םילוצ וא םיפוא
םורקל תחתמ רוחאל הפילקה תא קלחה .תוקד 18 דע 16 ,בוהז
שגמה לע יאפה תא יריבעה וא המחה ןבאהמ התוא ריסהל ידכ
.םיסרופש ינפל תוקד 5 םיננצמ .תשרל

11.תינקיסקמ ספמירש הציפ

ביכרמ

- ןולפט ייריפס וא הציפה תפילק תא קבאל הרטמ לכל חמק הציפה שגמ ןומישל
- ,יתיב קצב 1
- םיפולק ,(םרגוליקל 30 דרעב) תויקנוא 6 לש ינוניב ספמירש םילתופמו
- תונוחט ,ירש תוינבגע (דנואפ 1/2) תויקנוא 8
- ןוחט ,ינוניב טולאש 1
- םינוחט הרבסוכ ילע תופכ 1/2
- הלועמ תיתכ תיז ןמש ףכ 1
- םודא ןיי ץמוח תיפכ 1
- חלמ תיפכ 1/4
- ררוגמ ,רד'צ תויקנוא 6
- ןוחטו ערז ,תינוניב תנצנצב שובכ וינפל'ג 1
- םיקסורמ ,ןומכ יערז תיפכ 1

םינוויכ

a) תא םיחינמ ,חמקב הציפ תפילק םירזפמ .הציפ ןבא לע ירט קצב המוג ידי לע חטושמו לודג לוגיע קצבהמ םירצויו זכרמב קצבה הציקה תקזחה ידי לע ותוא ובצעו ותוא ומירה .תועבצאה תוצקב 14-כ לש רטוקב אוהש דע קצבה תחיתמו טאל ףופיהו ולש .הפילקה לע הטמ יפלכ חמוקמה דצה םע ותוא םיחינמ .םירטמיטנס

b) םיחינמ זאו ,ןולפט סיסרת םע וא םינמשמ .הציפ שגמ לע ירט קצב ףושמ זאו - תועבצאה תוצקב קצבה תא למוג .זכרמב קצבה תא לע 'ץניא 14-כ לש רטוקב לוגיע רצוי אוהש דע קצבה לע ץחלו .היפאה תינבת לע 'ץניא 7 × 12 לדוגב רידס אל ןבלמ וא שגמה

ןבאב םישמתשמ םא הציפ תפילק לע ותוא םיחינמ .יופא םורק
.הציפ שגמ לע שממ יופאה םורקה תא םיחינמ וא - הציפ

c) דא) םימ רטמיטנס ףסוה .תוקרי יודיא ריס םע ינוניב ריס םימיאתמ
תא ואיבהו תבחמל (רוטיקה תניפס דות לא ובכרי םימהש דכ לא
,םיסכמ ,ספמירשה תא םיפיסומ .ההובג שא לע החיתרל םימה
3-כ ,םיביציו םידורו םהש דע םידאמו הכומנל שאה תא םיכימנמ
תא רוצעל ידכ םירק םימל תחתמ םיננערמו םיאיצומ .תוקד
הרעקב םיבברעמ .סיב לדוגב תוכיתחל םיצצוק .םהלש לושיבה
ץמוחה ,תיזה ןמש ,הרבסוכה ,טולאשה ,ירשה תוינבגע תא הנטק
םיריאשמו ,ןכומה םורקה לע וזה תבורעתה תא םיחרומ .חלמהו
.הפשב 'ץניא 1/2 לש לובג

d) ,ץוצקה ספמירשה תא רזפל זאו ,ררוגמה רד'צה םע הלעמל
הציפה תא קלחה .םיקסורמה ןומכה יערזו ןוחטה וינפל'גה
תינבת וא שגמה לע יאפה תא םיחינמ וא המחה ןבאל הפילקהמ
תורישי אצמנ אלש לירגה לש קלחה לע וא רונתב הלש הייפאה
דע רוגס הסכמ םע םילוצ וא םיפוא .םילחגה וא םוחה רוקמ לעמ
םע םידבוע םא .תוקד 18 דע 16 ,הסמנ הניבגהו ביהזמ םורקהש
ידמ ותוא וקדב ,תונחב יונק םא ןיבו תיב תרצות םא ןיב ,ירט קצב
.וינפ לע ררועתהל תולולעש ריווא תועוב רוקדל ולכותש ידכ םעפ
דירוהל ידכ היתחתמ הרזחב הפילקה תא וקילחה ,הנכומ הציפהשכ
הייפאה תינבת לע וא שגמה לע יאפה תא וריבעה וא ןבאהמ התוא
.השגההו דותיחה ינפל תוקד 5 םיננצמ .תשרל

12.ציפס נאצ'ו

ביכרמ

- קיטס-וונ ייררפס וא הציפה תפילקמ קבא יוקינל בוהצ סרית חמק הציפה שגמ ןומישל
- יתיב קצב 1
- תרמושמ תרמושמ תיעועש תוסוכ 11/4
- ררוגמ ,ק'ג ייררטנומ תויקנוא 6
- תוצוצק ,תוינוניב םיפיזש תוינבגע 3
- ןוחט ןומכ תיפכ 1/2
- שבוימ ונגרוא תיפכ 1/2 וא םינוחט ונגרוא ילע תיפכ
- חלמ תיפכ 1/2
- ירט סורג רוחש לפלפ תיפכ 1/2
- הסלס סוכ 1/3
- ןמוש תלד וא הליגר הצומח תנמש סוכ 1/2
- םעטה יפל ,תנצנצב םישובכ וינפל'ג תוסורפ

םינוויכ

(a םיחינמ ,סרית חמקב הציפ תפילק םירזפמ .הציפ ןבא לע ירט קצב תוצקב המוג ידי לע לודג לוגיע קצבהמ םירצויו וזכרמב קצבה תא םיכפוה ,והצקב םיידיה םע ותוא ובצעו ותוא ומירה .תועבצאה

וחינה .םירטמיטנס 14-כ לש רטוקב אוהש דע קצבה תא טאל
הפילקה לע הטמ יפלכ סריתה חמק םע ותוא.

b) הייפאה תינבת וא שגמה תא םינמשמ .הציפ שגמ לע ירט קצב
תוצקב קצבה תא ומוגו זכרמב קצבה תא וחינה .ןולפט סיסרתב
ץחלו ךושמ ןכמ רחאל - חטושמו לודג לוגיע היהיש דע תועבצאה
אל ןבלמ וא שגמה לע 'ץניא 14 לדוגב לוגיע תריציל דע וילע
הייפא תינבת לע ,'ץניא 7 × 12 ךרעב ,רידס.

c) ןבאב םישמתשמ םא הציפ תפילק לע ותוא םיחינמ .יופא םורק
הציפ שגמ לע שממ יופאה םורקה תא םיחינמ וא - הציפ.
לע תשדוחמה תיעושעה תא רזפל ידכ ימוג תירמב ושמתשה
1/2 לש לובג ריאשהל דא הדיחא הרוצב התוא תוסכל ,םורקה
ררוגמה ק'ג יירטנומה תא תיעושעה לעמ .הצקב 'ץניא.

d) לפלפהו חלמה ,ונגרואה ,ןומכה ,תוצוקצה תוינבגעה תא םיבברעמ
תא םידקנמ .הניבגה לע הווש ןפואב םירזפמ זאו ,הלודג הרעקב
לא הפילקהמ הציפה תא וקילחה .םורקה לע הנטק ךפכב הסלסה
הייפאה תינבת וא שגמה לע יאפה תא וחינה וא תממוחמה ןבאה
דע רוגס הסכמב םילוצ וא םיפוא .ךיקע םוחב לירגה לע וא רונתב
המח תיעושעהו תעבעבמ הניבגהש,

e) םיריבעמ וא דצב םיחינמו םורקל תחתמ הרזחב הפילקה תא םיקילחמ
תלבקל .תוקד 5 םיננצמ .תשר לע תינבתה וא שגמה לע יאפה תא
תינבתמ וא שגמה ,הפילקהמ הציפה תא רסה ,רתוי ךירפ םורק
לע תורישי ררקתהל הל תתל ידכ םייתש וא הקד רחאל הייפאה
תשרה.

f) וצרתש וינפל'ג תוסורפ המכו הצומח תנמש תופיטב הדיטשפה לעמ
השגההו ךותיחה ינפל.

13.רזגו הנופא הציפ

ביכרמ

- הציפה שגמל ןולפט ייריפס וא הציפה תפילקל הרטמ לכל חמק
- יתיב קצב 1
- חלמ אלל האמח תופכ 2
- הרטמ לכל חמק תופכ 11/2
- ןמוש לוטנ וא ןמוש לד ,אלמ בלח סוכ 1/2
- תויקנוא 3 הלק וא תפצק ,הדבכ תנמש סוכ 1/2
- שבוימ ןימיט תיפכ 1 וא םילועבג ןימיט ילע תויפכ 2
- ררוגמ טקסומ זוגא תיפכ 1/2
- תרשפומ ,האופק הנופא וא הפולק היירט הנופא סוכ
- (רשפומ זא ,אופקב םישמתשמ םא) תויבוקל דותח רזג סוכ
- תוצוצק ,םוש יניש 3
- קד תררוגמ ,הנאיגימרפ היקנוא 1

םינוויכ

a) תא םידימעמ ,חמקב הציפ תפילק םירדפמ .הציפ ןבא לע ירט קצב
תוצקב לודגו סוחפ לוגיעל קצבה תא םיצרוחו וזכרמב קצבה
,ולש הצקה תקזחה ידי לע ותוא ובצעו ותוא ומירה .תועבצאה
לש רטוקב לוגיעהש דע קצבה תא תונידעב תחיתמו טאל ובוביס

לע הטמ יפלכ חמוקמה קצבה תא םיחינמ .םירטמיטנס 14-כ
הפילקה.

b) תא םיחינמ ןולפט סיסרת םע םינמשמ .הציפ שגמ לע ירט קצב
תועבצאה תוצק םע קצבה תא םילמוג .םהמ דחא לש זכרמב קצבה
אוהש דע וילע ץחלו ךושמ זאו - ךועמו סוחפ לוגיע אוהש דע
לדוגב רידס אל ןבלמ וא שגמה לע 'ץניא 14 לדוגב לוגיע רצוי
לע ותוא םיחינמ .יופא םורק .הייפאה תינבת לע 'ץניא 7 × 12
תא םיחינמ וא - הציפ ןבאב םישמתשמ םא תחמוקמ הציפ תפילק
תבחמב האמחה תא םיסימממ .הציפ שגמ לע שממ יופאה םורקה
םיכישממו חמקה תא המינפ םיפיצקמ .תינוניב שא לע הלודג
תא המינפ םיפיצקמ .דואמ ריהבו קלח 'זב תלבקל דע ףיצקהל
תנמשה תא המינפ םיפרוט ןכמ רחאלו ביציו יטיא םרזב בלחה.
ומכ ךרעב ,הכימס תבורעת תלבקל דע שאה לע ףיצקהל םיכישממ
תררוגמה הניבגה תא המינפ םיבברעמ .ידמל הקד תסמומ הדילג,
םיננצמ .הקלח תבורעת תלבקל דע טקסומה זוגאו ןימיתה
תוקד 10 ךשמל רדחה תרוטרפמטב.

c) ןבאה לא הפילקהמ הסוכמ אלה םורקה תא וקילחה ,םייתניב
קלחה לע וא רונתב הלש שגמה לע םורקה תא וחינה וא תממוחמה
דע רוגס הסכמ םע םילוצ וא םיפוא .לירגה לש םמוחמ אלה
ליחתמ קרו ולש תוצקב ביצי שיגרהל ליחתמ קר םורקהש
ךרטצת ,ירט קצבב שמתשמ התא םא .תוקד 10 ךרעב ,םיחשהל
וא ולש חטשה ינפ לע ררועתהל תולולעש ריווא תועוב ץצופל
תחתמ רוחאל הפילקה תא קלחה .הייפאה ןמזב ולש תווצקב
ריבעה וא - לירגה וא רונתהמ ותוא רסהו וקלחב יופאה םורקל
תשרל הייפאה תינבת וא שגמה לע םורקה תא.

d) לובג םיריאשמו ,םורקה לע ךימס בלח סיסב לע בטורה תא םיחרומ
זאו ,רזגהו הנופאה תא בטורה לעמ .הצקב 'ץניא 1/2 לש

תא םירזפמ ףוסבל .יאפה לע הווש ןפואב םושה תא םירזפמ
.תופסותה לעמ תררוגמה הנאי'גימרפה

14.קייטסי'צ יליפ הציפ

ביכרמ

- הציפה שגמל ןולפט ייריפס וא הציפה תפילקל הרטמ לכל חמק
- ,יתיב קצב 1
- חלמ אלל האמח ףכ 1
- קד סורפו לועבגה ךרד יוצח ,ןטק בוהצ לצב 1
- דואמ קד סורפו ערז ,ןטק קורי לפלפ 1
- ריישרטסוו בטור תופכ 2
- ףירח סודא לפלפ בטור תורוק המכ
- יסאלק הציפ בטור תופכ 6
- תררוגמ ,הלרצומ (דנואפ 1/2) תויקנוא 8
- תועוצרל ךותחו קד חלוגמ ריינ ,ףיבטסור היינדעמ תויקנוא 6
- ררוגמ ,תויקנוא 3 לש ןולובורפ

םינוויכ

a) .חמקב הציפ תפילק תולק םירזפמ .הציפ ןבא לע ירט קצב תוצקב המוג ידי לע לודג לוגיע ונממ םירצויו קצבה תא םיפיסומ טאל ובוביס ידי לע ותוא ובצעו הצקב ותוא ומירה .תועבצאה דצה םע ותוא םיחינמ .'ץניא 14-כ לש רטוקל דע הנידע החיתמו .הפילקה לע הטמ יפלכ חמוקמה

b) הייפאה תינבת וא שגמה תא םינמשמ .הציפ שגמ לע ירט קצב
תוצקב ותוא ומוגו זכרמב קצבה תא וחינה .ןולפט סיסרתב
תא םיצחולו םיכשומ ןכמ רחאל - דועמ לוגיע היהיש דע תועבצאה
וא שגמה לע מ"ס 14-כ לש רטוקב לוגיע רצוי אוהש דע קצבה
.הייפא תינבת .קצבה לע ,'ץניא 7 × 12-כ ,רידס אל ןבלמ

c) םישמתשמ םא תחמוקמ הציפ תפילק לע ותוא םיחינמ .יופא םורק
םיסימממ .הציפ שגמ לע יופאה םורקה תא םיחינמ וא - הציפ ןבאב
לצבה תא םיפיסומ .תינוניב שא לע הלודג תבחמב האמחה תא
5-כ ,ןוכירל דע ,תובורק םיתעל בוברע דות ,לשבל לפלפהו
םודאה לפלפה בטור תאו ריישרטסוו בטור תא םיבברעמ .תוקד
תבחמב םילזונהש דע לשבל םיכישממ .(םעטה יפל) ףירחה
רדחה תרוטרפמטב םיננצמ .תופסונ תוקד 2-כ ,גוגיזל םימצמטצמ
הציפה בטור תא רזפל ידכ ימוג תירמב ושמתשה .תוקד 5 ךשמל
.הצקב 'ץניא 1/2 לש לובג תראשה דות ,ןכומה םורקה לע
.תררוגמה הלרצומה תא םהילעמ

d) ךכ זאו ,יאפה לע הווש ןפואב ףיבטסורה תועוצר תא םיחינמ
ןולובורפ םע הלעמל .רקבה לע תוקריה תבורעת תא םירזפמו
.ררוגמ

e) לע הציפה תא וחינה וא המחה ןבאל הפילקהמ הציפה תא וקילחה
אלש לירגה לש קלחה לע וא רונתב הלש הייפאה תינבת וא שגמה
.םוחה רוקמ לעמ שממ אצמנ

f) דיחא םוחש ,ביהזמ םורקהש דע רוגס הסכמב םילוצ וא םיפוא
,דואמ ריהב םוח לבקל הלחה ףאו הסמנ הניבגהו ,ןותחתה וקלחב
.תוקד 18-כ

g) יונק םא ןיבו תיב תרצות םא ןיב ,ירט קצב קודב ,םיימעפ וא םעפ
חטשה ינפ לע ררועתהל תולולעש ריווא תועוב רוקדל ידכ ,תונחב
.הצקב דחוימב ,ולש

15.תיזנילופ הציפ

ביכרמ

- ןומישל ןולפט ייריפס וא הציפה תפילק תא קבאל הרטמ לכל חמק הציפה שגמ
- יתיב קצב 1
- קותמ ךימס היוס בטור תופכ 3
- תררוגמ ,תויקנוא 6 לש הלרצומ
- תויבוקל ךותח ,תויקנוא 3 לש ידנק ןוקייב
- ירט סננא יחתנ סוכ 1
- קד סורפ קורי לצב סוכ 1/2
- םושמוש ףכ

םינוויכ

a) תא םיחינמ ,חמקב הציפ תפילק םירדפמ .הציפ ןבא לע ירט קצב המוג ידי לע חטושמו לודג לוגיע קצבהמ םירצויו וזכרמב קצבה דע ובוביס ידי לע ותוא חתומו הצקב ותוא םרה .תועבצאה תוצקב דצ םע בצועמה קצבה תא םיחינמ .'ץניא 14-כ לש רטוקב אוהש .הפילקה לע הטמ יפלכ חמוקמ

b) הייפאה תינבת וא שגמה תא םינמשמ .הציפ שגמ לע ירט קצב תא ומוגו םהמ דחא לש םזכרמב קצבה תא וחינה .ןולפט סיסרתב רצוי אוהש דע וילע ץחלו ךושמ זאו - תועבצאה תוצקב קצבה × 12 לדוגב רידס אל ןבלמ וא שגמה לע 'ץניא 14 לדוגב לוגיע .הייפאה תינבת לע 'ץניא 7

c) םישמתשמ םא תחמוקמ הציפ תפילק לע ותוא םיחינמ .יופא םורק
.הציפ שגמ לע יופאה םורקה תא םיחינמ וא - הציפ ןבאב

d) לש לובג םיריאשמו ,קצבה לע הווש ןפואב היוסה בטור תא םיחרומ
הווש ןפואב תררוגמה הלרצומה תא םירזפמ .הצקב 'ץניא 1/2
.בטורה לע

e) סורפ קורי לצבו סננאה יחתנ ,ידנקה ןוקייבה םע הציפה תא םיחטשמ
.יאפה לע הווש ןפואב םושמושה תא םירזפמ זאו -

f) יאפה תא וחינה וא דואמ המחה ןבאל הפילקהמ םורקה תא וקילחה
אלה קלחה לעמ לירגה לע וא רונתב הייפאה ריינ וא שגמה לע
םורקהו הסמנ הניבגהש דע רוגס הסכמב םילוצ וא םיפוא .םמוחמ
.תוקד 18 דע 16 ,בוהז

g) ןבאהמ התוא ריסהל ידכ םורקל תחתמ הרזחב הפילקה תא וקילחה
.תשרל הייפאה תינבת לע וא שגמה לע יאפה תא וריבעה וא המחה
ינפל תוקד 5 הייפאה תשר לע וא הפילקה לע הציפה תא םיננצמ
הציפה תא וריבעה ,ךירפ ראשיי םורקהש חיטבהל ידכ .םיסרופש
.הקדכ רחאל תשרה לא רשייה הייפאה תינבת וא שגמה ,הפילקהמ

16.הציפ יאפ ריס

ביִכְּרַמ

- הציפה שגמל קיטס-ןונ ייריפס וא הציפה תפילקל בוהצ סרית חמק
- יתיב קצב 1
- חלמ אלל האמח ףכ 1
- הרטמ לכל חמק תופכ 11/2
- רדחה תרוטרפמטב ,ןמוש לוטנ וא ןמוש לד ,אלמ בלח סוכ 1
- ןו'זיד לדרח ףכ 1
- שבוימ ןימיט תיפכ 1 וא םילועבג ןימיט ילע תויפכ 11/2
- תשבוימ הוורמ תיפכ 1/2 וא םינוחט הוורמ ילע תיפכ 1
- לשובמ ,לפרועמ ,רועמ ,ץוצק ודוה וא ףוע רשב סוכ 1
- םירשפומ ,םיאופק םיברועמ תוקרי תוסוכ 2
- ריישרטסוו בטור תויפכ 2
- חלמ תיפכ 1/2
- ירט סורג רוחש לפלפ תיפכ 1/2
- ףירח םודא לפלפ בטור תורוק המכ
- תררוגמ ,רד'צ וא תירציווש ,לטנמא ,הדואג תויקנוא 6

םינוויכ

a) ,סרית חמקב הציפ תפילק קבאב לחתה .הציפ ןבא לע ירט קצב
תוצקב קצבה תא םילמוג .וזכרמב קצבה תא עבק ןכמ רחאלו
ותוא וקיזחה ,ותוא ומירה זאו - חטושמו לודג לוגיעל תועבצאה
דע תונידעב ותוא םיחתומ ןמזה לכ ,םכינפל ותוא ובוסו והצקב
חמק םע בצועמה קצבה תא םיחינמ .םירטמיטנס 14-כ לש רטוקל
.הפילקה לע הטמ יפלכ סרית

b) -ןונ יירפס םע רחא וא דחא םינמשמ .הציפ שגמ לע ירט קצב
קצבה תא ומוגו םהמ דחא לש םזכרמב קצבה תא וחינה .קיטס
אוהש דע וילע ץחלו ךושמ ןכמ רחאל - תועבצאה תוצק תרזעב
רידס אל ןבלמ וא שגמה לע 'ץניא 14-כ לש רטוקב לוגיע רצוי
.הייפאה תינבת לע 'ץניא 7×12 לדוגב

c) םא סרית חמק תקבואמ הציפ תפילק לע ותוא וחינה .יופא םורק
שגמ לע שממ יופאה םורקה תא וחינה וא - הציפ ןבאב םישמתשמ
.הציפ

d) תא המינפ םיפיצקמ .תינוניב שא לע לודג ריסב האמחה תא םיסיממ
םיכישממ ןכמ רחאלו ,ידמל הקלח תבורעת תלבקל דע חמקה
ךרעב ,ריהב ינידנולבל דע שאה לע ףיצקהל

e) .תוינש

f) לע ףיצקהל םיכישממ .ביציו יטיא םרזב בלחה תא המינפ םיפרוט
תא המינפ םיפרוט .תסמומ הדילג ומכ ךרעב ,הכמסהל דע שאה
.לוביתה יבשעו לדרחה

g) זאו תוקריהו רשבה תא המינפ םיבברעמו שאהמ תבחמה תא םיריסמ
מודא לפלפ בטורו לפלפ ,חלמ ,ריישרטסוו בטור תא םיבברעמ
(םעטה יפל) ףירח.

h) הפוצמו דיחא לכהש דע תררוגמה הניבגה תא המינפ םיבברעמ
בטורב.

i) 'קניא 1/2 לש לובג םיריאשמו ,םורקה לע הווש ןפואב םיחרומ
הצקב.

j) לע יאפה תא וחינה וא ,ןבאה לאו הפילקהמ םורקה תא וקילחה
לש םמוחמ אלה קלחה לעמ וא רונתב הייפאה תינבת וא שגמה
םורקהו עבעבמ יולימהש דע רוגס הסכמב םילוצ וא םיפוא .לירגה
םעפ ידמ קודב .תוקד 18-כ ,עגמל ביצי תצקו בוהז םוחל ךפה
םורקב ריווא תועוב ןיאש אדוול ידכ ירט קצב תדיטשפ.

k) יאפה תא ריסהל ידכ םורקל תחתמ הרזחב הפילקה תא וקילחה
הייפאה תינבת לע וא שגמה לע יאפה תא וריבעה וא ןבאהמ
,םיצור םא .םיסרופש ינפל תוקד 5 ררקתהל דצב םיחינמ .תשרל
םורקל תתל ידכ הקדכ רחאל תשרל תורישי יאפה תא םיריבעמ
רחא םח חטשמ לע חונל ילבמ טעמ ררקתהל.

17.ינטא'צו לצב ,המדא יחופת הציפ

ביכְּרַמ

- ןומישל ןולפט ייירפס וא הציפה תפילק תא קבאל הרטמ לכל חמק הציפה שגמ
- יתיב קצב 1
- ןוגכ ,םיחתור םינבל המדא יחופת (דנואפ 3/4) תויקנוא 12 םיפולק ,םייריא םירלדנס
- ירפ סיסב לע רחא וא תוינמכוא ינטא'צ ,וגנמ ינטא'צ תופכ 6
- ינטא'צ
- ררוגמ ,ק'ג יירטנומ תויקנוא 6
- שבומי רימש ףכ 1 וא ןוחט רימש תופכ 3
- הילדיו ומכ ,לודג קותמ לצב 1

םינוויכ

a) .חמקב הציפ תפילק תולק םירזפמ .הציפ ןבא לע ירט קצב תוצקב המוג ידי לע לודג לוגיע ונממ םירצויו קצבה תא םיפיסומ ותוא ובבוסו ,ולש הצקה תא וקיזחה ,ותוא ומירה .תועבצאה 14-כ לש רטוקב אוהש דע ,ןמזה לכ ותוא חותמל דות ,תויטיאב .הפילקה לע הטמ יפלכ חמוקמה קצבה תא םיחינמ .'ץניא

b) הייפאה תינבת וא שגמה תא םינמשמ .הציפ שגמ לע ירט קצב קצבה לש תומוגה תחא זכרמב קצבה תא וחינה .ןולפט סיסרתב ץחלו ךושמ זאו - חטושמו הבע לוגיע היהיש דע תועבצאה תוצקב

וא שגמה לע 'ץניא 14 לדוגב לוגיע רצוי אוהש דע קצבה לע
.הייפא תינבת .קצבה לע 'ץניא 7 × 12 לדוגב רידס אל ןבלמ

c) ןבאב םישמתשמ םא הציפ תפילק לע ותוא םיחינמ .יופא םורק
רונתהש ןמזב .הציפ שגמ לע יופאה םורקה תא םיחינמ וא - הציפ
ריסב 'ץניא 1 לדוגב םימ החיתרל םיאיבמ ,םיממחתמ לירגה וא
,םיסכמ ,המדאה יחופת תא םיפיסומ .תוקרי יודיא תניפס םע לודג
רשאכ םיכר םהש דע םידאמו תינוניבל שאה תא םיכימנמ
תחנומה תננסמל םיריבעמ .תוקד 10-כ ,גלזמב םתוא םיררוחמ
.דואמ םיקד םילוגיעל םיסרופ זאו ,תוקד 5 םיננצמו רויכב

d) םיריאשמו ,ןכומה םורקה לע הווש ןפואב ינטא'צה תא םיחרומ
ייריטנומ םע הווש ןפואב הלעמל .'ץניא 1/2-כ לש לובג הצקב
הדיחא הרוצב המדאה יחופת תוסורפ תא םירדסמ .ררוגמה ק'ג
לצבה תא םיסרופ .רימשה תא םירזפמ זאו ,יאפה לעמ תיביטרוקדו
לע הטמ יפלכ ךותחה דצה םע ותוא חנה .ולש לועבגה ךרד םיינשל
תוסורפ רוציל ידכ דואמ הדח ןיכסב שמתשהו ךלש ךותיחה שרק
וחינהו תוישיאה תועוצרל וללה תוסורפה תא ודירפה .רייג תוקד
.יאפה לע ןתוא

e) רומשל ודיפקה ,דואמ המחה ןבאל הפילקהמ הדיטשפה תא וקילחה
וא שגמה לע הדיטשפה תא וחינה וא םמוקמב םיגניפוטה תא
אצמנ אלש לירגה לש קלחה לע וא רונתב הלש הייפאה תינבת
דע רוגס הסכמ םע םילוצ וא םיפוא .רוקמ .שאה לע תורישי
דצב ההכ רתוי וליפא םוחש ,והצקב תולק םיחשמ םורקהש
וא הצקב ריווא תועוב תולוע םא .תוקד 18 דע 16 ,ןותחתה
םורק רוציל ידכ גלזמ םע ןתוא םיציפקמ ,ירטה קצבה עצמאב
.דיחא

f) מחליקים את הקליפה בחזרה מתחת לפשטידה החמה על האבן או מעבירים את הפאי על המגש או תבנית האפייה לרשת. מניחים בצד לצינון של 5 דקות לפני שפורסים ומגישים.

*18.*הלוגוראו וטושורפ הציפ

ביכרמַ

- הציפה שגמל תיז ןמש וא הציפה תפילקל הרטמ לכל חמק
- יתיב קצב 1
- יסאלק הציפ בטור סוכ 1/4
- קד הסורפ ,תויקנוא 3 לש היירט הלרצומ
- וטושורפ ורסוה םיבע םילועבג ,םיזורא הלוגורא ילע סוכ 1/2 ,תויקנוא 2 לש
- ימסלב ץמוח ףכ

םינוויכ

a) תא םידימעמ ,חמקב הציפ תפילק םירדפמ .הציפ ןבא לע ירט קצב תוצקב חטושמו לודג לוגיעל קצבה תא םיצרוחו וזכרמב קצבה ,הצקב םיזחוא ,םיידיה תרזעב ותוא ובצעו ותוא ומירה .תועבצאה 14-כ לש רטוקל דע ותוא םיחתומו תויטיאב ותוא םיבבוסמ לע הטמ יפלכ חמוקמ דצ םע בצוטמה קצבה תא םיחינמ .'ץניא הפילקה.

b) ףטפטנ תיז ןמש טעמ םע תולק םינמשמ .הציפ שגמ לע ירט קצב ועמג ,הייפאה תינבת וא שגמה לע קצבה תא וחינה .גפוס ריינ לע דע ותוא םיצחולו ותוא םיכשומ זאו - תועבצאה תוצקב קצבה תא רידס אל יד ןבלמ וא שגמה לע 'ץניא 14 לדוגב לוגיע רצווייש הייפאה תינבת לע 'ץניא 7 × 12 לדוגב.

c) מניחים אותו על קליפת פיצה מקומחת אם משתמשים בבאן פיצה - או מניחים את הקרום האפוי על מגש פיצה. מורחים את רוטב הפיצה באופן שווה על הקרום, ומשאירים גבול של 1/2 אינץ' בקצה. מסדרים את פרוסות המוצרלה באופן שווה על הפאי, תוך שמירה על הגבול הזה נקי.

d) הניחו את עלי הארוגולה מעל הפאי, ולאחר מכן מעליהם את רצועות הפרושוט. החליקו את הפיצה מהקליפה לאבן החמה או הניחו את הפאי על המגש או תבנית האפייה שלה עם הפיצה בתנור או על החלק של הגריל שלא נמצא ישירות מעל מקור החום.

e) אופים או צולים במכסה סגור עד שהקרום מזהיב וגם יציב מעט והגבינה נמסה, 14 עד 16 דקות. אם עובדים עם בצק טרי, בדקו אותו במהלך 10 הדקות הראשונות כדי שתוכל לפוצץ בועות שעלולות להתעורר, במיוחד בקצה. החליקו את הקליפה בחזרה מתחת לפשטידה הלוהטת כדי להוריד אותה מהאבן או העבירו את הפאי על המגש או תבנית האפייה לרשת. מטפטפים את הפאי בחומץ הבלסמי, ולאחר מכן מניחים בצד להתקרר במשך 5 דקות לפני שפורסים.

19.ןבואר הציפ

ביכרמ

- רײנ וא הציפה שגמל ןולפט ייריפס וא הפילקל הרטמ לכל חמק וא הייפאה
- יתיב קצב 1
- היינדעמ לדרח תופכ 3
- טוחס שובכ בורכ סוכ 1
- וא Swiss, Emmental, Jarlsberg, תויקנוא 6 Jarlsberg Light, ררוגמ
- ץוצקו תובע תוסורפל דותח ,לשובמ ףיבנרוק תוינדעמ תויקנוא 4

םינוויכ

a) קצבה תא עבק חמקב הציפ תפילק קבא .הציפ ןבא לע ירט קצב .תועבצאה תוצקב המוג ידי לע לודג לוגיע קצבהמ םירצוי .וזכרמב

b) ,ולש הצקב םיזחוא ,םיידיה תרזעב ותוא ובצעו ותוא ומירה לש רטוקל דע והצק תא תונידעב םיחתומו קצבה תא טאל םיכפוה לע הטמ יפלכ חמוקמה דצה םע ותוא םיחינמ .םירטמיטנס 14-כ .הפילקה

c) -ןונ ייריפס םע םהמ דחא לכ םינמשמ .הציפ שגמ לע ירט קצב קצבה תא ומוגו םהמ דחא לכ לש םזכרמב קצבה תא וחינה .קיטס ץחלו ןודשמ זאו - חטושמו הבע לוגיע היהיש דע תועבצאה תוצקב

הציפה שגמ לע 'ץניא 14 לדוגב לוגיע רצוי אוהש דע קצבה לע
.הייפאה תינבת לע .'ץניא 7 × 12 לדוגב רידס אל ןבלמ וא

d) ןבאב םישמתשמ םא הציפ תפילק לע ותוא םיחינמ .יופא םורק
.הציפ שגמ לע שממ יופאה םורקה תא םיחינמ וא - הציפ

e) לובג םיריאשמו ,ןכומה םורקה לע הווש ןפואב לדרחה תא םיחרומ
לע הווש ןפואב שובכה בורכה תא םיחרומ .הצקב 'ץניא 1/2 לש
.לדרחה

f) םיבדנרוקה תא ןכמ רחאלו ,תררוגמה הניבגה תא הדיטשפה לעמ
וא תממוחממה ןבאל הפילקהמ הציפה תא תוריהזב םיקילחמ .ץוצקה
לעמ וא רונתב הלש הייפאה תינבת וא שגמה לע יאפה תא םיחינמ
.םילחגה וא שאה לעמ תורישי אלש לירגה לש קלחה

g) דעו ביהזהו קצמתמ םורקהש דע רוגס הסכמב םילוצ וא םיפוא
תועוב תולוע םא .תוקד 18 דע 16 ,טעמ המיחשמו הסמנ הניבגהש
תלבקל ןתוא םיציפקמ ,הצקב דחוימב ,ירט קצב לע והשלכ ריווא
בל ומיש ,הציפל תחתמ הרזחב הפילקה תא וקילחה .דיחא םורק
וא המחה ןבאהמ יאפה תא ריסהל ידכ ,יופיצה תא רוקעל אל
םיחינמ .תשרל הייפאה תינבת לע וא שגמה לע יאפה תא ריבעהל
.םישיגמו םיסרופש ינפל תוקד 5 לש ןוניצל דצב

20.היולצ מישרוש הציפ

ביכרמ

- ןומישל תיז ןמש וא הציפה תפילק קבא יוקינל הרטמ לכל חמק הציפה שגמ
- יתיב קצב 1
- לודג םוש שאר 1/2
- קד תוסורפו ,ןכרואל תויוצח ,תופולק ,תונטק תוטטב 1/2
- קד הסורפו הצוצק ,היוצח ,הנטק רמוש תעקפ 1/2
- קד סורפו ,םכרואל יוצח ,ףולק ,ןטק לפינסרפ 1/2
- תיז ןמש ףכ 1
- חלמ תיפכ 1/2
- תררוגמ ,הלרצומ (דנואפ 1/4) תויקנוא 4
- קד תררוגמ ,הנאיגימרפ היקנוא 1
- פוריס ימסלב ץמוח ףכ 1

םינוויכ

a) .חמקב הציפ תפילק תולק םירזפמ .הציפ ןבא לע ירט קצב תוצקב המוג ידי לע לודג לוגיע ונממ םירצויו קצבה תא םיפיסומ ובבוסו ,םיידיה יתשב והצקב ותוא וקיזחה ,ותוא ומירה .תועבצאה לוגיעהש דע ,םעפ לכב הצקה תא טעמ חותמל דות ,תויטיאב ותוא

דצה םע הפילקה לע םיחינמ .םירטמיטנס 14-כ לש רטוקב
.הטמ יפלכ חמוקמה

b) הייפאה תינבת וא שגמה תא םינמשמ .הציפ שגמ לע ירט קצב
תחא זכרמב קצבה תא וחינה .רייג תבגמ לע ףטפטנ תיז ןמש תצקב
דע וילע ץחלו ךושמ זאו - תועבצאה תוצקב קצבה לש תומוגה
,רידס אל ןבלמ וא שגמה לע 'ץניא 14 לדוגב לוגיע רצוי אוהש
.הייפאה תינבת לע ,'ץניא 7 × 12 ךרעב

c) םישמתשמ םא תחמוקמ הציפ תפילק לע ותוא םיחינמ .יופא םורק
.הציפ שגמ לע שממ יופאה םורקה תא םיחינמ וא - הציפ ןבאב

d) הנטק םוינימולא רייג תליבחב תופולק אלה םושה ינש תא םיפטוע
.תוקד 40 ךשמב שאה לע תורישי םילוצ וא םיפואו

e) םע ןולצרפהו רמושה ,הטטבה תא הלודג הרעקב םיקרוז ,םייתניב
הייפא תינבת לע הרעקה תלוכת תא םיקצוי .חלמהו תיזה ןמש
לירגה לש םמוחמ אלה קלחה לעמ וא רונתל םיסינכמ .הלודג
20 דע 15 ,םיקותממו םיכר םהש דע ,םעפ ידמ םיכפוה ,םילוצו
.תוקד

f) רוכזל םיגאוד ,הליבחה תא םיחתופ ךותיח שרקל םושה תא םיריבעמ
לע דצב תוקריה םע הייפאה תינבת תא םג םיחינמ .םידאה תא
.תשר

g) תולעמ 450-ל זגה לירג וא רונתה לש הרוטרפמטה תא לדגה
טעמ תולעהל ידכ םימחפה לירגל םילחג המכ דוע ףסוה וא ,סויזלצ
.םוחה תא

h) לובג םיריאשמו ,ןכומה םורקה לע תררוגמה הלרצומה תא םיחרומ
תא םיטחוס תוקריה לכ תא הניבגה לעמ .הצקב 'ץניא 1/2 לש
םע הלעמל .יאפה לא ולש ריינה תופילק ךותמ ךרהו יתסיעה םושה
.תררוגמה הנאי'גימרפה

i) לע הציפה תא וחינה וא המחה ןבאה לא הפילקהמ הציפה תא קלחה
םמוחמ אלה קלחה לעמ וא רונתב הלש הייפאה תינבת וא שגמה
םוחל ךפה םורקהש דע רוגס הסכמב םילוצ וא םיפוא .לירגה לש
הליחתהו הסמנ הניבגהש דע ,ותיתחתב טעמ ההכה וליפאו בוהז
ריווא תועוב המכ חתפל לולע ירט קצב .תוקד דע 16 ,םיחשהל
םתוא יפקתה ,הלש הצקב דחוימב ;תונושארה תוקדה 10 ךלהמב
.דיחא םורק חיטבהל ידכ גלזמ םע

j) ןבאהמ התוא דירוהל ידכ םורקל תחתמ רוחאל הפילקה תא קלחה
הלש הייפאה תינבת וא שגמה לע הציפה תא ריבעהל וא המחה
,דירפ םורקה לע רומשל ידכ .תוקד 5 ךשמל דצב םיחינמ .תשרל
חמקה ףדמ וא שגמה ,הפילקהמ יאפה תא ריבעהל יאדכ ילוא
ררקתהש רחאל .ךרעב הקד רחאל ררקתהל תשרה לא תורישי
תוסורפל םיסרופ זאו ,ימסלבה ץמוחב יאפה תא םיפטפטמ ,טעמ
.השגהל

21.מיחופת הציפו קינקנ

ביכּרַמ

- ןומישל ןולפט ייריפס וא הציפה תפילק תא קבאל בוהצ סרית חמק הציפה שגמ
- ,יתיב קצב 1
- תיז ןמש ףכ 1
- ודוה וא ףוע תייקינקנ (דנואפ 1/2) תויקנוא
- סג ןוחט לדרח ףכ 1
- ררוגמ ,הניטנופ תויקנוא 6
- ףירח חופת יוצר ,ןטק קורי חופת 1
- םיצוצק ןירמזור ילע תופכ 2
- קד תדרוגמ ,ונאדפ הנרג וא ונירוקפ ,הנאי'גימרפ תויקנוא 11 /2

םינוויכ

(a .סרית חמקב הציפ תפילק תולק קבא .הציפ ןבא לע ירט קצב
תוצקב המוג ידי לע לודג לוגיע ונממ םירצויו קצבה תא םיפיסומ
ולש הצקה תקזחה ידי לע ותוא ובצעו ותוא ומירה .תועבצאה
דע ,ןמזה לכ תונידעב החיתמו ,תויטיאב ובוביס ,םיידיה יתשב
חמק םע קצבה תא םיחינמ .םירטמיטנס 14-כ לש רטוקב לוגיעהש
.הפילקה לע הטמ יפלכ סריתה

(b -ןוב ייריפס םע רחא וא דחא םינמשמ .הציפ שגמ לע יירט קצב תוצקב קצבה לש תומוגה תחא זכרמב קצבה תא וחינה .קיטס ץחלו ךושמ ןכמ רחאל .חוטשו הבע לוגיע תלבקל דע תועבצאה אל ןבלמ וא שגמה לע 'ץניא 14 לדוגב לוגיע רצוי אוהש דע וילע .הייפאה תינבת לע 'ץניא 7 × 12 לדוגב רידס

(c םא סרית חמק תקבואמ הציפ תפילק לע ותוא םיחינמ .יופא םורק שגמ לע יופאה םורקה תא םיחינמ וא - הציפ ןבאב םישמתשמ תא המינפ םיבברעמ .תינוניב שא לע הלודג תבחמ םיממחמ .הציפ ,םעפ ידמ םיכפוה ,םילשבמ .קינקנה תא םיפיסומ זאו ,תיזה ןמש שרקל םיריבעמ .םילשובמו םידדצה לכמ בטיה םימיחשמ םהש דע הווש ןפואב לדרחה תא םיחרומ .םיקד םילוגיעל םיסרופו דותיח הלעמל .הצקב 'ץניא 1/2 לש לובג םיריאשמו ,ןכומה םורקה לע לע הווש ןפואב סורפה קינקנה תא חינהל זאו ,תררוגמה הניטנופ םע זאו ,קינקנה ילוגיע ןיב םיחופתה תוסורפ תא םיסינכמ .יאפה .תררוגמה הניבגה תאו םיצוצקה לוביתה יבשעמ דחא תא םירזפמ

(d שגמב םתשמתשה םא דואמ המחה ןבאל הפילקהמ הציפה תא וקילחה קלחה לעמ וא רונתב יאפה םע התוא וחינה ,הייפא רײנב וא הציפ דע רוגס הסכמ םע םילוצ וא םיפוא .לירגה לש םמוחמ אלה וליפא ,תווצקב ביהזהל לחה םורקהו תעבעבמו הסמנ הניבגהש םע םידבוע םא .תוקד 18 דע 16 ,ןותחתה דצב רתוי ההכ םוח 10 דלהמב והצקב תוררועתמש ריווא תועוב וצצופ ,ירט קצב .היילצה וא הייפאה לש תונושארה תוקדה

(e התוא דירוהל ידכ הדיטשפל תחתמ רוחאל הפילקה תא קלחה הלש הייפאה תינבת וא שגמה לע יאפה תא יריבעה וא ןבאהמ .תשרל

22.יקאטיש הציפ

ביכּרמ

- הציפה שגמל ןולפט ייריפס וא הציפה תפילקל הרטמ לכל חמק
- ,יתיב קצב 1
- דר ישמ ופוט (דנואפ 1/2) תויקנוא 8
- ,וכלשוהו ורסוה םילועבג ,תויקנוא 6 לש יקאטיש תוירטפ יעבוכ קד םיסורפ םיעבוכ
- קד סורפ ,ינוניב קורי לצב 3
- יתייסא םודא ילי'צ תחשמ תויפכ 2
- ףולק ןוחט ירט ר'גני'ג תויפכ 2
- ןרתנ תחפומ וא ליגר היוס בטור תיפכ 1
- יולק םושמוש ןמש תיפכ 1

םינוויכ

a) םיחינמ .חמקב הציפ תפילק תולק םירזפמ .הציפ ןבא לע ירט קצב המוג ידי לע חוטשו הבע לוגיע קצבהמ םירצויו זכרמב קצבה תא ,םיידיה יתשב והצקב ותוא קיזחה ,ותוא םרה .תועבצאה תוצקב לוגיעהש דע ,הצקב ותוא חותמל תויטיא ידכ ךות ,ותוא בבוסו הטמ יפלכ חמוקמה דצה םע ותוא םיחינמ .'ץניא 14-כ לש רטוקב .הפילקה לע

b) הייפאה תינבת וא שגמה תא םינמשמ .הציפ שגמ לע ירט קצב
קצבה לש תומוגהמ תחא לע קצבה תא וחינה .ןולפט סיסרתב
לוגיע רצוי אוהש דע וילע ךחלו ךושמ זאו - תועבצאה תוצקב
7 × 12 לדוגב רידס אל ןבלמ וא שגמה לע 'ץניא 14 לדוגב
.הייפאה תינבת לע 'ץניא

c) ןבאב םישמתשמ םא הציפ תפילק לע ותוא םיחינמ .יופא םורק
.הציפ שגמ לע שממ יופאה םורקה תא םיחינמ וא - הציפ

d) תלבקל דע ץוציקה בהלב דיוצמ ןוזמ דבעמב ופוטה תא םידבעמ
ריאשמ התאש אדוו ,ןכומה םורקה לע םיחרומ .ימרקו קלח םקרמ
.והצקב 'ץניא 1/2 לש לובג

e) תא םירזפמ .קורי לצבהו תוסורפה תוירטפה יעבוק תא ופוטה לעמ
ןפואב םושמושה ןמשו היוסה בטור ,ר'גני'גה ,ילי'צה תחשמ
המחה ןבאה לא הפילקהמ הדיטשפה תא קלחה .תופסותה לע הווש
רונתב הלש הייפאה תינבת וא שגמה לע הדיטשפה תא וחינה וא
.לירגה חטשמ לש םמוחמ אלה קלחה לעמ וא

f) ,עגמל ביצי טעמו בוהז םורקהש דע רוגס הסכמב םילוצ וא םיפוא
אדוול ידכ םימעפ המכ ירטה קצבה תא קודב .תוקד 18 דע 16
םע ןתוא ץיפקמ ,ןכ םא ,ולש הצקב דחוימב ,ריווא תועוב ןיאש
הרזחב הפילקה תא וקילחה ,םויסב .דיחא םורק חיטבהל ידכ גלזמ
תא וריבעה וא המחה ןבאהמ התוא דירוהל ידכ הדיטשפל תחתמ
דצב םיחינמ .תשרל הייפאה תינבת לע וא שגמה לע הדיטשפה
.םישיגמו םיסרופש ינפל תוקד 5 לש ןוניצל

23.הטוקירו דרת הציפ

ביכרמ

- הציפה תפילק תא קבאל הרטמ לכל חמק וא
- יתיב קצב 1
- הלונק ןמש תופכ 2
- תוצוצק ,םוש יניש 3
- תויקנוא 6 לש דרת ילע
- ןוחט וא ררוגמ טקסומ זוגא תיפכ 1/4
- םודא לפלפ יתיתפ תיפכ 1/4
- שבי טומרו וא שבי ןבל ןיי סוכ 1/2
- ןמוש תלוטנ וא ןמוש תלד ,הליגר הטוקיר סוכ 1/4
- קד תררוגמ ,הנאיגימרפ תויקנוא 2/ 11
- חלמ תיפכ 1/2
- ירט סורג רוחש לפלפ תיפכ 1/2

םינוויכ

(a .חמקב הציפ תפילק תולק םירזפמ .הציפ ןבא לע ירט קצב
תוצקב המוג ידי לע לודג לוגיע ונממ םירצויו קצבה תא םיפיסומ
הצקב םיזחוא ,םיידיה תרזעב ותוא ובצעו ותוא ומירה .תועבצאה
רטוקל דע ולש הצקה תא םיחתומו קצבה תא טאל םיכפוה ,ולש

לע הטמ יפלכ חמוקמה קצבה תא םיחינמ .םירטמיטנס 14-כ לש
.הפילקה

b) הייפאה תינבת וא שגמה תא םינמשמ .הציפ שגמ לע ירט קצב
םע קצבה לש תומוגהמ תחא לע קצבה תא וחינה .ןולפט סיסרתב
ץחלו ךושמ זאו - חוטשו הבע לוגיע היהיש דע תועבצאה תוצק
אל ןבלמ וא שגמה לע 'ץניא 14 לדוגב לוגיע רצוי אוהש דע וילע
.הייפאה תינבת לע 'ץניא 7 × 12 לדוגב רידס

c) ןבאב םישמתשמ םא הציפ תפילק לע ותוא םיחינמ .יופא םורק
םיממחמ .הציפ שגמ לע שממ יופאה םורקה תא םיחינמ וא - הציפ
זאו ,ןמשה תא המינפ םיבברעמ .תינוניב שא לע הלודג תבחמ
המינפ םיבברעמ .תוינש 30 ךשמב םילשבמו םושה תא םיפיסומ
םילעהש דע קר םודאה לפלפהו טקסומה זוגא ,דרתה יתיתפ תא
ידכ ךות םילשבמ .ןייה תא המינפ םיקצוי זאו לובנל םיליחתמ
.השבי טעמכ תבחמהו בטיה לובנ דרתהש דע דימתמ בוברע
,הטוקירה תא המינפ םיבברעמו שאהמ תבחמה תא םיריסמ
הקלח תבורעת תלבקל דע לפלפהו חלמה ,תררוגמה הנאי'גימרפה
.ידמל

d) לש לובג םיריאשמו ,ןכומה םורקה לע דרתה תבורעת תא םיחרומ
וא המחה ןבאל הפילקהמ הציפה תא קלחה .הצקב 'ץניא 1/2
וא רונתב הלש הייפאה תינבת וא שגמה לע הציפה תא םיחינמ
.לירגה תשר לש םמוחמ אלה קלחה לעמ

e) ,תולק המיחשמו תבצייתמ תילמהש דע רוגס הסכמב םילוצ וא םיפוא
הפילקה תא קלחה .תוקד 18 דע 16 ,טעמ ביצי םורקהש דע
יריבעה וא תטהולה ןבאהמ התוא ריסהל ידכ הציפל תחתמ הרזחב
דצב םיחינמ .תשרל הלש הייפאה תינבת וא שגמה לע יאפה תא
םורק חיטבהל ידכ .םישיגמו םיסורפש ינפל תוקד 5 לש ןוניצל

הייפאה תינבת וא שגמה ,הפילקהמ יאפה תא וריבעה ,דירפ
.תוקד רפסמ רחאל תשרל תורישי

24.הלוגורא טלס הציפ

ביכרמ

- הציפ קצב וא ,רוריקב אלמ הציפ קצב הזירא .תויקנוא 16 דחא אלמ
- סרית חמק
- הרנירמ בטור סוכ 1/3
- שבוימ ונגרוא תויפכ $1\frac{1}{2}$
- יחמצ סיסב לע תררוגמ הניבג סוכ 1
- דרת יבייבו הירט הלוגורוא תוברועמ תוסוכ 2
- תויוצח ,(תובוהצ) תוירט ירש תוינבגע תוסוכ $1\frac{1}{2}$
- תויבוקל דותח ,ינוניב םודא לפלפ $\frac{1}{2}$
- םיולק םיקוטסיפ סוכ $\frac{1}{4}$ סורפ ,לשב ינוניב ודקובא 1
- ימסלב ץמוח ףכ 1

םינוויכ

a) קצב תא םידדרמ .סויזלצ תולעמ 350-ל רונתה תא םיממחמ הציפ ןבא וא 'ץניא 14 לדוגב הציפ תינבתל םיאתיש דכ הציפה .קצב םימש הילעמו סרית חמק ןבאה וא תינבתה לע םירזפמ ונגרואה תא וילעמ םירזפמו קצבה לע הרנירמה בטור תא םיחרומ םיפואו רונתל ןבאה וא תינבתה תא םיסינכמ .תיחמצה הניבגהו .עגמל ביציו בוהז םורקהש דע ,תוקד 35 דע 30 ךשמב

b) רונתהמ םורקה תא םיאיצומ ,השגהה ינפל הנורחאה הקדב ודקובאה ,לפלפה ,תוינבגעה ,דרת יבייבהו הלוגוראה תא םהילעמו ןמשו ץמוחה תא םיפטפטמ .תוריהמב ולביי םיקוריה .םיקוטסיפהו .דימ םישיגמ .תיזה

Avocado 'N Everything Pizza.25

ביפרמ

- בלחב הייפא תבורעת תוסוכ 2
- םימח םימ סוכ 1/2
- תוינבגע בטור (תויקנוא 8) תספוק 1
- ץוצק קורי לצב סוכ 1/4
- תררוגמ הלרצומ תניבג סוכ 1/2
- תוסורפ תוירטפ סוכ 1/2
- םיסורפ םילשב םיתיז סוכ 1/3
- הסורפ ,הנטק היינבגע 1
- תיז ןמש תופכ 2
- הבוח אל ,םיירט םוקיליזב ילע םיסורפו םיפולק ,םיערז ,ודקובא 1

הענה תוארוה

a) האמחה תבורעת תא דחי םיבברעמ .425F-ל רונת םיממחמ
12 לדוגב לוגיעל ולגלג וא וחפט .הנטק הרעקב גלזמ םע םימהו
.תנמושמ אל הציפ תינבת וא הייפא רייג לע 'ץניא

b) .הציפה קצב לע חרמנש קורי לצבו תוינבגע בטור דחי םיבברעמ
תיז ןמש םיפלזמ .היינבגע תוסורפו םיתיז ,תוירטפ ,הניבג לעמ
.לעמ

c) םיפוא 15 דע 20 תוקד וא דע הצקש םורקה ביהזמ. םיאיצומ תא
הציפה רונתהמ םירדסמו לעמ תוסורפ ודקובא. םיטשקמ ילעב
םוקיליזב םישיגמו.

26.הציפ ויק יב רב ךוע

מַרכִּיב

- 3 חצאי חזה עוף ללא עצמות, מבושלים וחתוכים לקוביות
- 1 כוס רוטב ברביקיו בטעם היקורי
- 1 כף דבש
- 1 כפית מולסה
- 1/3 כוס סוכר חום
- 1/2 צרור כוסברה טרייה, קצוצה
- 1 (12 אינץ') קרום פיצה אפוי מראש
- 1 כוס גבינת גאודה מעושנת, מגוררת
- 1 כוס בצל אדום פרוס דק

כיוונים

a) מחממים תנור ל-425F. בסיר על אש בינונית גבוהה מערבבים עוף, רוטב ברביקיו, דבש, מולסה, סוכר חום וכוסברה. להביא לרתיחה.

b) מורחים את תערובת העוף באופן שווה על גבי קרום הפיצה ומעליהם גבינה ובצל.

c) אופים במשך 15 עד 20 דקות, או עד שהגבינה נמסה.

27.הציפ תות BBQ

ביִכְּרַמְ

- (בר ןמז דסוח תלוכמהמ שארמ ןכומ) הציפ קצב 1
- (מושו םינידע לובית יבשע) ןיסרוב תניבג (סוכ 1) םרג 250
- ימסלב גוגיז תופכ 2
- םיסורפ םיתות תוסוכ 2
- ץוצק םוקיליזב סוכ 1/3
- םעטה יפל לפלפ
- ףוליזל תיז ןמש ףכ 1
- טושיקל חלוגמ ןזמרפ

םינוויכ

a) .רונתב וא)הובג םוח(לגנמ לע הציפ םורק םילשבמ
b) .לובית יבשע תנמש תניבגב םיחרומו שאהמ םיריסמ
c) םיטשקמו ימסלב גוגיזו תיז ןמש םיפלזמ .םיתותו םוקיליזב םירזפמ חלוגמ ןזמרפו)םעטה יפל(לפלפב

28.הציפ שיד פיד ילוקורב

ביכרמ

- םישבי םירמש הליבח 1
- םימימח םימ 'ג 1 1/3
- רכוס ט 1
- ןבלומ אל חמק 'ג 3 1/2
- הגוע חמק 'ג 1
- חלמ ט 1 1/2
- תיז ןמש T 2 סולפ c 1
- ןוחט םוש ט 3
- תויקנוא 15 תיחפמ תוינבגע בטור (1)
- תויקנוא 12 לש תוינבגע קסר תיחפ (1)
- ונגרוא ט 2
- םוקיליזב 'ט 2
- לפלפו חלמ תוסורפ תוירטפ ג 2
- (קותמ וא םח) יקלטיא קינקנ ג"ק 1
- םיקסורמ רמוש יערז ט 1/2
- האמח ט 2

- סג ץוצק ,ןבלומ ילוקורב 'ג 8
- רוציק T 1
- תררוגמ הלרצומ תניבג ג 1/2 3
- תררוגמ ןזמרפ תניבג ג 1/2

םינוויכ

a) .רכוס המינפ םיבברעמו םימימח םימב םירמש םיסימממ
םירמשה תא הגרדהב םיפיסומו ,חלמו םיחמק םיבברעמ
.קלח םקרמהש דע שולל .ןמשה סוכ 1/4-ו םיסמומה
םיחינמו דמצנ ןוליינב םיסכמ ,הלודג הרעקל םיסינכמ
.(תועש 3-2) תרוזפתב השילשל דע החיפתל

b) ןמש סוכ 1/4 םיממחמ .םייולימה תא םיניכמ םייתניב
תוינש 30 ךשמב םילשבמו םוש 'ט 2 םיפיסומ ,תבחמב
תוינבגעה בטור תא המינפ םיבברעמ).המחשה אלל(
םוקיליזב המינפ םיבברעמ .הכמסהל דע םילשבמ ,קסרמו
.ררקתהל דצב םיחינמ ,ונגרואו

c) המחשהל דע תוירטפה תא םיציפקמו ןמשהמ 'ט 2 שאר
דצב םיחינמו ,םעטה יפל םילבתמ .הדאתמ לזונהו הלק
.ןוניצל

d) םיררופמ ,קינקנהמ םילימרתה תא םיקרוזו םיאיצומ
םילשבמ .רמוש םע דחי תבחמל קינקנה תא םיפיסומו
'ט 2-ו האמחה תא םיממחמ .םינוצמו םיאיצומ ,בטיה
.תוינש 30 ךשמב םיבברעמו םוש 'ט 1-ב ןמשהמ

לכו בטיה הפוצמ אוהש דע ילוקורבה תא המינפ םיבברעמ
.דצב םיחינמ םעטה יפל םילבתמ .הדאתמ לזונה

e) םיחינמו ונממ 2/5-כ םיכתוח .םיררוחמ ,חפת קצבהשכ
'ץניא 1 1/2 לע 14 לדוגב הציפ תינבת םינמשמ .דצב
קצבהמ 3/5 םידדרמ חמוקמ שרק לע .הרצקה םע
םינתונ ,תינבתל םימיאתמ .'ץניא 20 לדוגב לוגיעל
1-ב קצבה תא םישירבמ .דצה לע תולתל קצבה יפדועל
לע הלרצומהמ 'ג 1 םירזפמ .חלמ םירזפמו ןמשהמ 'ט
.קצבה

f) תא םירזפמ ,הניבגה יבג לע תוינבגעה בטור תא םיחרומ
.הלרצומ 'ג 1-ב םיסכמו תוינבגעה לע תוירטפה

g) .בוריקב "14 לדוגב לוגיעל קצבה תרתי תא םידדרמ
םיסינכמ .םימב תינבתה ךותב קצבה תונפד תא םישירבמ
.תינבתל "14 לוגעה תא

h) חלה קצבה דגנכ)ךרוצה תדימב ךושמ(תווצק םיצחול
1/2 דע יולתה קצבה תא םיכתוח .ותוא םוטאל ידכ
.בוש ותוא וביטרהו 'ץניא

i) הצק ביבס תהבגומ הפש תריציל וצפוקו המינפ ולפק
,קצבה לש הנוילעה הבכשב םידא חתפ םיכתוח .תינבתה
קצבה לע קינקנה תא םיחרומ .ןמשהמ T 1-ב םישירבמו
.ילוקורבב םיסכמו

j) ץטפטמ ינפ לע םירזפמו תוניבגה ראש תא םידחאמ
.ןמש 'ג 1/4 ילוקורבה

k) -30 ךשמב תולעמ 425-ל שארמ םמוחש רונתב םיפוא
.בטיה אפוק .תוקד 40

29.ולפאב ףוע הציפ תודיטשפ

ביכרמ

- ילגנא סניפאמ האלמ הטיחמ תויקנוא 12 לש תחא הליבח (סניפאמ 6)
- דרעב) 'ץניא $\frac{1}{4}$ לש תויבוקל דותח ,ינוניב סותכ לפלפ 1 (תוסוכ $\frac{1}{4}$
- הלונק ןמש ףכ 1
- תויבוקל םיכותח ,תומצע אלל ףוע הזח יאצח תויקנוא 12 'ץניא יצח לש
- הטספ בטור סוכ יצח
- ולפאב בטור ףכ 1
- הלוחכ הניבג בטור ףכ 1
- תיקלח תררוגמ הלרצומ תניבג תוסוכ $\frac{1}{2}$ 1 דע 1

םינוויכ

a) .סויזלצ תולעמ 400-ל רונתה תא םיממחמ
םיחינמו םיינשל שילגנאה סניפאמה תא םיסרופ
לע תינבת םע ריינ הייפא .םילוצ רונתב כ-5
תוקד. םיאיצומ םיחינמו .דצב םיממחמ תא
-תינוניב שא לע הלודג ןולפט תבחמב ןמשה
דות םילשבמו לפלפה תא םיפיסומ .ההובג
.תוקד 5-כ ,דוכירל דע ףוכת בוברע

b) דורו אל אוהש דע םילשבמו ףועה תא םיפיסומ
,הטספה בטור תא םיבברעמ .תוקד 5 דע 3 ,רתוי
םיבברעמו הלוחכה הניבגה בטורו ולפאב בטור
.בטיה

c) הווש הרוצב ןיפאמ יצח לכ לעמ ,תוציפה תבכרהל
הווש ןפואב הניבגה תא םירזפמ .ףועה תבורעתב
הניבגהש דע םיפוא .דחא לכ לש ןוילעה קלחה לע
.תוקד 5-כ ,הסמנ

30.הינרופילק הציפ

ביכרמ

- תיז ןמש סוכ 1
- םיירט םוקיליזב ילע תוסוכ 2
- תוצוצק ,םוש יניש 2
- םירבונצ תופכ 3
- תררוגמ הירט ןזמרפ תניבג סוכ 1/2
- קד סורפ ,לצב 1
- תועוצרל דותחו םיערז ,קותמ םודא לפלפ 1
- תועוצרל דותחו וערז ,קורי לפלפ 1
- תיז ןמש תופכ 2
- םימ ףכ 1
- קותמ יקלטיא קינקנ וא רמושו םוש תייקינקנ וליק 1/2 םיזיע תניבג תויקנוא 3
- סג תררוגמ ,הלרצומ תניבג תויקנוא 10
- תררוגמ היירט ןזמרפ תניבג תופכ 2
- סרית חמק תופכ 2

העגה תוארוה:

(a .דצב םיחינמו םימב םירמש םיסיממ קצב םיניכמ
"ראב" םירצוי .רכוסו חלמ ,חמק הרעקב םיבברעמ
םיבברעמ .תיז ןמשו םירמש תסימת םיקצוי ,זכרמב
.גלזמ תרזעב חמקה תא המינפ

(b .דיב חמקה תרתי תא ובלש ,השקונ ךפוה קצבהשכ
שרק לע תוקד רשע דע הנומש םישלו רודכל םיפסוא
החל תילטמב םיסכמ ,ןמש הפוצמ הרעקב םיחינמ .חמוקמ
,חפנה תלפכהל דע תויוריג אלל םימח םוקמב םיחיפתמו
.םייתעשכ

(c .ןוזמ דבעמ וא רדנלב תרזעב וטספ בטור םיניכמ
םירצוי אל ךא םידבעמ .הניבגה דבלמ לכה םיבברעמ
לצב םינגטמ .דצ רדגה .הניבג המינפ םיבברעמ .הריפ
שא לע הלודג תבחמב םימו תיז ןמש תחא ףכב םילפלפו
.םיכר םילפלפהש דע תובורק םיתעל םיבברעמ .תינוניב
דות תוכיתחל רבשנ ,םוח קינקנ .דצב םיחינמו םיננסמ
םיחינמו סג םיצצוק .ןמושה יפדוע תא םיננסמ .לושיב ידכ
.דצב

(d ןמש תיראש תא םיחרומ .תולעמ 400-ל רונת םיממחמ
.'ץניא 12 לדוגב הציפ תינבת לע הווש ןפואב תיזה
תולק םיחטשמ ,הציפ קצב םיררוחמ .סרית חמק םירזפמ
תא םיחינמ .תועבצאב םיחטשמו םיכפוה ,ךורעמ תרזעב
םיפוא .תועבצאה תוצקב תווצקל םיחרומו תינבתב קצבה
םיררופמ .קצבה לע וטספ בטור םיחרומ .תוקד שמח
לצב םיפיסומ .וטספ לעמ הדיחא הרוצב םיזיע תניבג
םורקהש דע וא תוקד 10 םיפוא .תוניבגו קינקנ ,לפלפו
.תעבעבמ הניבגהו טעמ םוחש

31.למרוקמ לצב הציפ

ביכרמ

- לצב ןוגיטל תיז ןמש סוכ 1/4
- (דנואפ 3 דרעב) קד סורפ לצב תוסוכ 6
- םוש יניש 6
- שבי ןימית .ףכ 1 וא ירט ןימיט .תופכ 3
- הנפד הלע 1
- לפלפו חלמ
- (הבוח אל) הציפ יבג לע ףוטפטל ןמש .תופכ 2
- םיטוחס םיפלצ .ףכ 1
- םירבונצ .ףכ 1-1/2

:הגשה תוארוה

a) ,םושה ,לצבה תא םיפיסומו תיז ןמש סוכ 1/4 םיממחמ
םעפ ידמ בוברע ידכ ךות םילשבמ .הנפדה הלעו ןימיטה
,דואמ הכר לצבה תבורעתו הדאתמ תוחלה בורש דע
הלע תא םיקרוז .תוקד 45-כ ,תלמרוקמו הקלה טעמכ
.לפלפו חלמב םילבתמו הנפדה

b) םיפלצ םירזפמ ,לצבה תבורעתב קצבה תא םיסכמ
םישמתשמ םא תיזה ןמש תיראש תא םיפטפטמו םירבונצו
.וב

c) אופים בתנור שחומם מראש ל-500 מעלות במשך 10 דקות או עד להזהבה. זמן האפייה ישתנה בהתאם אם אופים על אבן, מסך או בתבנית.

d) ודא שהתנור שלך מחומם היטב לפני הכנסת פיצה.

32.הנוצלק הניבג

ביכרמ

- הטוקיר תניבג ג"ק 1
- תררוגמ הלרצומ סוכ 1
- רוחש לפלפ טרוק
- NY ןונגסב הציפ קצב
- .500F-ל רונת םיממחמ

:הנכה תוארוה

a) .חמוקמ חטשמ לע םיחינמו קצב רודכ .תויקנוא 6 חק
.'ץניא 6 לדוגב לוגיעל ,תועבצאה תוצקב ,םיחרומ
הניבג סוכ 2/3 םיחינמ

b) םימטוא .ינשה דצה לע םילפקמו דחא דצב םיבברעמ
דותב הניבג תבורעת ןיאש םיאדוומו תועבצאה תוצקב
.הקודה המיטא חיטבהל ידכ הצקה תא טובצ .םתוחה
תא בושו קודב .םינפב דיחא יולימל הנוצלקה תא וחפט
.םירחאה םע רוזח .תוליזנ רותיאל םוטיאה

c) םיכתוח .תולק ןמושמ הייפא רייג לע הנוצלק םיחינמ
רורוואל דחא לכ לש ןוילעה קלחב 'ץניא 1 לש ץירח
10-12 םיפואו רונתה זכרמל םיסינכמ .הייפאה ןמזב
בוהאה תוינבגעה בטור םע םישיגמ .הבהזהל דע וא תוקד
.הליבטל דצב וא הלעמלמ ,םמוחמ ,םכילע

33.ןבדבוד דקש הציפ

ביכרמ

- קצב
- הציב ינובלח 2
- םינוחט םידקש (סוכ 3/4 - 4 oz) םרג 125
- תופיט המכ קד רכוס (סוכ 1/2 - 3 oz) םרג 90 םידקש תיצמת
- ץימב ולרומ ינבדבוד (דנואפ 1 1/2) םרג 750 תנצנצ
- םרג 60 םיתיתפ תרוצב םידקש (סוכ 1/2 - 2 oz)
- יוקינל רכוס תקבא םינבדבוד תביר Morel0o תופכ 3 קבא
- טושיקל ,תפצק

םינוויכ

a) (425F. Gas 7) ל-220C רונת םיממחמ

b) םידקש המינפ םיבברעמ .םינובלח תולק םיפרוט הרעקב תבורעתה תא םירזפמ .םידקש תיצמתו קד רכוס ,םינוחט .הציפה סיסב לע הווש ןפואב

c) רומשל ,הציפ לע תיפכ .ץימ םירמוש ,םינבדבוד םיננסמ רונתב םיפואו םיצוקצ םידקש םירזפמ .טושיקל המכ .בוהזו ךירפ קצבהש דע תוקד 20 ךשמב

(d תלבקל דע רומש הבירו ץימ םיממחמ ,ריסב ,םייתניב
םיטשקמו רכוס תקבאב תלשובמ הציפ קבא .פוריס
.םירומש םינבדבודו תפצקב

34.וגקיש ןונגסב הציפ

ביכְּרַמ

- הציפ בטור סוכ 1
- תררוגמ הלרצומ תניבג .תויקנוא 12
- לשובמ ,ררופמ ,ןוחט רקב רשב ג"ק 1/2
- לשובמ ,ררופמ ,יקלטיא קינקנ ג"ק 1/4
- לשובמ ,ררופמ ,ריזח קינקנ ג"ק 1/4
- תויבוקל ךותח ,ינורפפ סוכ 1/2
- תויבוקל ךותח ידנק ןוקייב סוכ 1/2
- תויבוקל ךותח ,ריזח סוכ 1/2
- תוסורפ ,תוירטפ ג"ק 1/4
- סורפ ,ןטק לצב 1
- סורפ ,םיערז ,קורי לפלפ 1
- תררוגמ ןזמרפ תניבג .תויקנוא 2

םינווּיכ

(a הנטק הרעקב םימח םימל רכוסו םירמש םירזפמ ,קצבל
.תוקד 5-כ ,ץצק תלבקל דע דומעל םיחינמו

b) הלודג הרעקב חלמו ןמש ,סרית חמק ,חמק םיבברעמ
.םירמשה תבורעת תא םיפיסומו זכרמב המוג םירצוי
תדימב חמק דוע םיפיסומ ,דר קצב תריציל םיבברעמ
שימג קצבהש דע םישלו חמוקמ שרק לע םיכפוה .דרוצה
םיסכמ ,הלודג הרעקל םיריבעמ .תוקד 10 דע 7 ,יטסלאו
ףורגא .העשכ ,קצבה תלפכהל דע םימח םוקמב םיחיפתמו
.הטמל

c) םיריבעמ .'ץניא 13 לדוגב לוגיעל קצבה תא םידדרמ
תא םילפקמ ,'ץניא 12 לדוגב תנמושמ הציפ תינבתל
הציפ בטורב םיחרומ .הנטק הפש תריציל םיפדועה
רשב םירזפמ .הלרצומה תניבג ןפוח דבלמ לכה םירזפמ
.ןזמרפ תניבגו הלרצומ תיראש םע םיחטשמ .תוקריו
.תוקד 25-כ םימח םוקמב החיפתל םיחינמ

d) םורקהש דע הציפ םיפוא .תולעמ 475-ל רונת םיממחמ
ינפל תוקד 5 דומעל םיחינמ .תוקד 25-כ ,ביהזמ
.דותיחה

35.הציפ שיד-פיד

ביכְרַמ

- יטיא לושיבל תפסותה סוסירל ,קיטס-ןונ לושיב יירפס
- חופתל ול ןת ,ררקמ םא) ןכומ הציפ קצב תויקנוא 8
  רובע תנמושמ הרעקב
- (םייתעש
- .(תררוגמ אל) הסורפ הלרצומ תניבג תויקנוא 8
- דירכ לדוגב יוצר ,קד סורפ ינורפפ תויקנוא 8
- תונחב יונק הציפ בטור סוכ 1/2
- תררוגמ ןזמרפ ףכ 1
- הדנופישל םיכותח םיירט םוקיליזב ילע 6
- שותכ םודא לפלפ טרוק

םינוויכ

a) 20 דשמב הובג לע יטיאה רונתה תא שארמ םממחמ
.קיטס-ןונ לושיב םיסרתב תפסותה תא וססר .תוקד

b) דרעב קצבה תא םירצויו םידדרמ ,םיחתומ ,יקנ חטשמ לע
םורק איה הרטמה .יטיא לושיבל סנכה ומכ הרוצ התואב
םילשבמ .דרוצה תדימב םיחרומו ריסב םיחינמ .קדו הפי
.תופסות אלל העש דשמב ,יוסיכ אלל ,הובג לע

c) תא הלעמו קצבה לעמ הלרצומה תוסורפ תא םיפער
,הסורפ לכ םיפפוח .םורקה לעמ רטמיטנס 1-כ תונפדה

םיחינמ .ףקיהה יוסיכל דע ןועשה ןוויכ םע לגעמב םיענ
,עצמאב קירה םוקמה תא תוסכל ידכ תחא הסורפ דוע
ןפוא ותואב ינורפפ לש הבכש םינחוט .ךרוצה תדימב
.הניבגה תא םתישעש

(d .הציפה בטור לש הנטק הבכש םע ןכמ רחאל

(e .ןזמרפה תא םירזפמ

(f למרוקמו ההכ יתנבגה םורקהש דע הובג לע םילשבמ
תוריהזב םיאיצומ .העש דוע ,המוחשו הביצי תיתחתהו
.תירמ תרזעב יטיאה ריסהמ

(g .שותכ םודא לפלפו םוקיליזבב םיטשקמ

*36.*רונתב תידנלוה הציפ

ביכרמ

- רהס תוינמחל .'חי 2
- הציפ בטור תנצנצ 1
- ןוחט רקב רשב ג"ק 1 1/2
- תרורגמ רד'צ תניבג םרג 8
- תררוגמ הלרצומ תניבג םרג 8
- ינורפפ םרג 4
- ונגרוא תויפכ 2
- םוש תקבא תויפכ 1
- לצב תקבא תיפכ 1

םינוויכ

a) .'חי 1-ב ידנלוה רונת דפרל .םיננסמ ,םוח ןוחט רשב קצבה לע הציפ בטור םיחרומ .רהס תוינמחל.

b) ,ונגרוא לעמ םירזפמו ינורפפ ,ןוחט רקב רשב םיפיסומ םישמתשמו תוניבג םיפיסומ .לצב תקבאו םוש תקבא .ןוילע םורק תריציל רהס ילילג .ינש זראמב

c) קורי לפלפ ןוגכ רחא .תולעמ 350-ב תוקד 30 םיפוא ץוצק ,ץוצק

37.הציפ לש םיסונוק םיציב טלס

ביכרמ

- קובקבב ןמוש תחפומ יקלטיא טלס בטור סוכ 1/4
- שותכ ,יקלטיא לובית תיפכ 1/2
- תוצוצק ,תושק םיציב 6
- תורמצ םע סורפ קורי לצב סוכ 1/4
- ןוחט ינורפפ סוכ 1/4
- םיליגר הדילג יעיבג 6
- ןוצרה יפל םירוחש םיתיז ,קורי לפלפ ,תוצוצק תוירטפ
- הציפ בטור סוכ 3/4
- תררוגמ ןזמרפ תניבג תופכ 2

םינויכ

a) בטורה תא דחי םיבברעמ תינוניב הרעקב
.ינורפפו לצב ,םיציב המינפ םיבברעמ .לוביתהו
.השגהל דע םיררקמו םיסכמ

b) לכל תבורעתהמ סוכ 1/3-כ םיפרוג ,השגהל
,תוירטפו הציפ בטור תופכ 2-כ לעמ .סונוק
דחא לכ לע םירזפמ .דרוצה יפל םיתיזו םילפלפ
.הניבג תיפכ 1-כ

38.ויקידרו וי'גלט ,סינאת הציפ

ביכרמ

- תושבוימ ןויסימ ינאת 3
- שבי םודא ןיי סוכ ½
- 'תוימלוג זוגא תוכיתח תופכ 2
- הרטמ לכל חמק
- השיל אלל הציפ קצב רודכ (תויקנוא 6) 1
- הלועמ תיתכ תיז ןמש תופכ 2
- (סוכ ¼ דרעב) ררוגמ ,ןטק שאר ויקידר ½
- הכותח ,תרחא הפירח הניבג וא Taleggio .תויקנוא 2 תונטק תוכיתחל

םינוויכ

a) 'ץניא 5 לש קחרמב הלתמה טס םע םטפה תא םיממחמ לזרב תבחמב שמתשמ התא םא .הבהלהמ וא טנמלאהמ -תינוניב שא לע התוא חנה ,הציפל םיספ תבחמב וא קוצי .תוקד 15-כ ,תטהול תישענ איהש דע ההובג

b) .םטפל םיספה תבחמ וא)הכופהה(תבחמה תא םיריבעמ

c) תא םיקצוי ,תינוניב שא לע הנטק תבחמב םינאת םישמ םינאתל םינתונו שאה תא םיבכמ .החיתרל םיאיבמו ןייה תוכיתחל םיצצוק זאו ,םיננסמ .תוקד 30 תוחפל תורשהל השבי תבחמב םיזוגאה תוכיתח תא םילוק .'ץניא ½ לש ,תחלצל םיריבעמ .תוקד 4 דע 3 ,ההובג-תינוניב שא לע .סג םיצצוק זאו םיננצמ

d) וילע םיחינמו חמקב הדובע חטשמ םירדפמ קצבה בוציעל
דע םימעפ המכ םישלו חמק םירזפמ .קצבה רודכ תא
.דרוצה תדימב חמק דוע םיפיסומ .דהאתמ קצבהש
הציחל ידי לע 'ץניא 8 לדוגב בוביס ונממ םירצוי
לש הבע לובג םיראשמו ,תווצקה ןוויכל הצוחה זכרמהמ
.ראשהמ 'ץניא 1

e) תא תוריהמב הצוחה וקילחהו רונתה תלד תא וחתפ
םיריבעמו קצב םימירמ .וילע לושיבה חטשמ םע הלתמה
תעגל אל הדפקה דות ,לושיבה חטשמל תוריהמב ותוא
.חטשמב

f) תוכיתח תא לעמ םירזפמ ,קצבה לע ןמש ךכ םיפטפטמ
רחאו ,תוצוצק םינאת ךד רחא ,ויקידר ךד רחא ,םיזוגאה
תא רוגסו רונתל הרזחב ךדמה תא קלחה .הניבג ךד
,תווצקל ביבסמ הפת סורקהש דע הציפ םילוצ .תלדה
.תוקד 4 דע 3 ,הסמנ הניבגהו םימתכב הריחשה הציפה

g) ,ןוטרק עוביר וא תכתמ וא ץע תפילק םע הציפ םיאיצומ
.תוקד המכ חונל הל םינתונו דותיח שרקל םיריבעמ
הציפה תא םיכתוח ,הרתונש ןמש ךכ לעמ םיפטפטמ
.םילכואו תחלצל םיריבעמ ,םיעברל

39.האופק מינטוב תאמח הציפ תדיטשפ

ביכרמ

- 'ץניא 12 תוקד קצב תופילק 2
- תככורמ ,האמח תופכ 2
- תככורמ ,תנמש תניבג תליבח .תויקנוא 18
- תככורמ ,תנמש םינטוב תאמח סוכ 1
- רכוס תקבא תוסוכ 1/2 1
- בלח סוכ 1
- Cool Whip הליבח 12-oz. 1
- דלוקוש פוריס

םינוויכ

a) .סויזלצ תולעמ 400-ל רונת םיממחמ

b) הציפ תופילק לש םיילושהו ןוילעה קלחה תא םישירבמ .תוקד 8 םיפואו תיזכרמה רונתה תשרל םיסינכמ ,האמחב .תותשר לע םיננצמו םיאיצומ

c) תנמש תניבג םיפרוט ,הלודג ילמשח רסקימ תרעקב רכוסה תקבא תא םיפיסומ ןכמ רחאלו ,םינטוב תאמחו .בלחה םע ןיגוריסל ,תונמ שולשב

d) תא םירזפמ זאו ,רשפומ Cool Whip המינפ םילפקמ .הררקתהש הציפה תפילק לע תבורעתה

e) אל ךא ,תורק תוציפ םישיגמ .תובצייתהל דע םיאיפקמ
.דלוקוש פוריס םיפלזמ השגהה ינפל עגר .תואופק

40.הציפ רפוס תשר

ביכרמ

- הרנירמ בטור סוכ ¼
- ץוצק ירט דרת סוכ ¼
- תררוגמ הלרצומ סוכ ¼
- םיעברל תוכותח ירש תוינבגע סוכ ¼
- ונגרוא תיפכ 1/8

םינוויכ

a) .הדיחא תבורעתל דחי חלמו ןמש ,םימ ,חמק םיפיצקמ
b) תלפרועמו המח םיספ תבחמ לע הלילבה תא םיקצוי .לושיב םיסרתב
c) ליחתמ םורקהש דע(תוקד 4-5 ךשמב דצ לכ םיממחמ .(םיחשהל
d) ,הרנירמ בטור םילעמו תפסונ םעפ םורקה תא םיכפוה .ונגרואו היינבגע ,הניבג ,דרת
e) .הסמנ הניבגהש דע וא תוקד 3 םיממחמ

41.לירגב הציפ

ביכרמ

- מישבי מירמש תיפכ 1
- היוס ןמש ףכ 1
- רכוס תיפכ 1
- (110°F) מימימח מימ סוכ $\frac{1}{2}$
- מחל חמק סוכ $\frac{1}{2}$ 1
- היוס חמק ףכ 1
- חלמ תיפכ 1

מינוויכ

a) ,הרעקב דואמ מימימח מימ סוכ יצחו רכוס ,מירמש ובלש
.חלמו חמק הרעקב מיבברעמ .תוקד שמחל וחינה
.מישבי הליכמה הרעק םע מירמש תבורעת מיבברעמ
תוקד 10 שולל .קיבד קצבה םא חמק טעמ דוע מיפיסומ
.תובוט

b) אוהש דע תוקד 60 מיחיפתמו תנמושמ הרעקל מיסינכמ
ןכמ רחאלו חמוקמ חטשמ לע מיכפוה .וחפנ תא ליפכמ
לוגיעל מידדרמ .הקלח תבורעת תלבקל דע תולק שולל
קצבהש לככ .'ץניא 12 רטוקב 'ץניא $\frac{1}{4}$ לש יבועב
.בטיי דכ ,רתוי קד מידדרמ

c) מגו יקנ ךלש לירגהש אדו ,לירגה לע מורקה תחנה ינפל
.לירגל קבדיהל קצבהמ עונמל רוזעי הז .בטיה ןמושמ

דלש קצבה תא ריבעהל ידכ קיפסמ לודג והשמ ךרטצת
םישירבמ .וז המישמל דואמ תצלמומ הציפ תירמ .לירגל
יפלכ הנפיש דצב הלועמ תיתכ תיז ןמש לש הדיחא הבכש
קצבהמ עונמל רוזעיו םעט גיצי ןמשה .ןושאר הטמ
.הפיו ךירפ רומיג םורקל קינעי ןכו לירגל קבדיהל

d) ךדמה תא ריסהל ץלמומ ,לירגה לע הציפה תחנה ינפל
.הציפה תכיפה לע לקהל ידכ לירגה לש ןוילעה

e) יולת ,ךופיהה ינפל תוקד 1-3 ןושארה דצה תא םילשבמ
ןמש שירבהל וכרטצת ,הזה ןמזה ךלהמב .לירגה םוחב
,ןושארה דצה לושיב ןמזב .הלעמ יפלכ הנופש דצב תיז
.ומויס רחא בוקעל ידכ םורקה הצקל תחתמ לא עיגהל שי

f) .םורקה תא ךופה זאו רומיגהמ הצורמ התאש דע םילשבמ
ץלמומ .וצרתש תפסות לכ דימ הורמל שי ךופיהה רחאל
היהת אלש ןוויכמ ,דואמ לק יופיצה תא רומשל דואמ
.םורקה תא ףורשל ילבמ לירגה לע לשבתהל יוכיס םהל
םירשב ןוגכ םימיוסמ םדקומ לושיב לוקשל לוכי התא
םדקהב הסכמה תא דירוהל ודיפקה .םיבע תוקריו
.תופסותה לושיב תא םייסלו שאה תא דוכלל ידכ ירשפאה

g) םיצורמש דע וא תוקד 2-3 דוע הציפה תא םילשבמ
.םורקה רומיגמ

42. הטסרפוס םע לירגב הנבל הציפ

ביכרמ

- קצב
- תיז ןמש סוכ 1
- תושותכ םוש יניש 6
- תונוחט םוש יניש 2
- אלמ בלח הטוקיר סוכ 1
- ץוצק ירט ןימיט תיפכ 1
- דרפנב רומשל ,ץוצק ירט ונגרוא ףכ 1 תפסותב תויפכ 2 תיז ןמש סוכ 1/2
- תררוגמ הלרצומ תוסוכ 4
- ררוגמ ןזמרפ סוכ 1
- קד סורפ ,רחא אפרמ ימלס וא הטסרפוס תויקנוא 6
- תוכיתחל עורקו טוחס ,(תנצנצ) ןבדבוד לפלפ תויקנוא 4
- ,(סג ןוחט) סרית חמק ירט סורג רוחש לפלפו רשכ חלמ דרוצה יפל

םינוויכ

a) הכומנה הרדגהל וא סויזלצ תולעמ 150-ל רונת םיממחמ
.רונתה תא ובכ ,הרוטרפמטל עיגמ רונתה רשאכ .רתויב
וא ןווזמ דבעמ לש הדובעה תרעקל םימה תא םיקצוי
תא םירזפמ .)קצבל רוביח תויהל ךירצ םהינשל(רסקימ
המכ םיבברעמו םימה ינפ לע םירמשהו רכוסה ,ןמשה
חמקה תא םיפיסומ .הדיחא תבורעת תלבקל דע םימעפ
ךירצ קצבה .תדחאתמ תבורעתהש דע םידבעמו חלמהו
חמק םיפיסומ ,דואמ קיבד אוה םא .קיבד טעמו ךר תויהל
השקונ ןיידע אוה םא .תורצק םיפיצקמו ,םעפ לכב ףכ 1
דוע םידבעמ .תורצק םיפיצקמו םימ ףכ 1 םיפיסומ ,ידמ
.תוינש 30

b) שולל .תולק חמוקמ הדובע חטשמ לע קצבה תא םיכפוה
קצבה תא םיסינכמ .לוגעו קלח רודכ תריציל דיב ותוא
בטיה םיסכמו תיז ןמשב הפוצש הייקנו הלודג הרעקל
ינפל רונתב תוקד 15 חופתל םיחינמ .דמצנ ןוליינב
.םיכישממש

c) יניש 6 םע תיזה ןמש סוכ 1 תא םיפיסומ ןטק ריסב
שאהמ םיריסמ זאו ,החיתרל םיאיבמ .תושותכה םושה
הרעקב .ררקתהלו ןמשה תא רידחהל םושל רשפאל ידכ
ץוצק ןימיט ,תונוחט םוש יניש 2 ,הטוקיר םיבלשמ הנטק
,רונתהמ קצבה תא םיאיצומ .ץוצק ונגרוא תויפכ 2-ו
חמוקמ הדובע חטשמ לע ותוא םיכפוהו ,ותוא םיררוח
4 לדוגב םירודכ העבראל קצבה תא םיקלחמ .תולק
תא שארמ םיממחמו לירגה לע הציפ ןבא םיחינמ .'ץניא
.הובגל זגה לירג

d) .סרית חמק סוכ $\frac{1}{4}$ הדובעה חטשמ לע תולק םירזפמ
וא ןבלמל תונידעב בוביס 1 קצב םיחתומ וא םידדרמ
םישירבמ .'ץניא $\frac{1}{4}$ לש יבועב 'ץניא 12 לדוגב לוגיע
חמק םע הציפ תפילק םירזפמ .תיז ןמש תופכ 2-כב

םיחינמ .לוגע קצב וילע םיקילחמ ןכמ רחאלו סרית
ןמשב םישירבמ .הזה רדסב הלוגע קצבה לע תופסות
רחאלו ,לובית יבשע הטוקירב םיחרומ ןכמ רחאל ,םוש
.ןבדבוד לפלפו הטסרפוס ,ןזמרפ ,הלרצומ םילעמ ןכמ

e) הציפה ןבא לע הציפה תא םיקילחמ ,הציפ תפילק םע
-כ םילוצ .תירשפאה תוריהמב הסכמה תא רוגס .המחה
,בטיה המיחשמ םורקה תיתחתש דע וא ,תוקד 5-7
.תוקד 10 דע 5-כ ,תעבעבמ הניבגהו תומימח תופסותה

43.לירגב תוקרי הציפ

ביכִּרַמְ

- (F תולעמ 100 דרעב) םירשופ םימ סוכ 1
- שבד תויפכ $\frac{1}{2}$ 1 תיז ןמש סוכ $\frac{1}{4}$
- הריהמ הילע ילעב םירמש הפטעמ 1
- דרוצה יפל תפסות תפסותב ,הרטמ לכל חמק תוסוכ 3
- .רשכ חלמ תויפכ $\frac{1}{2}$ 1

םינוויכ

a) .רתויב הכומנה הרדגהל וא תולעמ 150-ל רונת םיממחמ םיקצוי .רונתה תא ובכ ,הרוטרפמטל עיגמ רונתה רשאכ רסקימ וא ןוזמ דבעמ לש הדובעה תרעקל םימה תא ןמשה תא םירזפמ .)קצבל רוביח תויהל דירצ םהינשל(דע םימעפ המכ םיבברעמו םימה ינפ לע םירמשהו רכוסה חלמהו חמקה תא םיפיסומ .הדיחא תבורעת תלבקל רד תויהל דירצ קצבה .תדחאתמ תבורעתהש דע םידבעמו לכב ףכ 1 חמק םיפיסומ ,דואמ קיבד אוה םא .קיבד טעמו ,ידמ השקונ ןיידע אוה םא .עגרל םיפיצקמו ,םעפ 30 דוע םידבעמ .עגרל םיפיצקמו םימ ףכ 1 םיפיסומ .תוינש

b) שולל תולק חמוקמ הדובע חטשמ לע קצבה תא םיכפוה קצבה תא םיסינכמ .לוגעו קלח רודכ תריצילד דיב ותוא בטיה םיסכמו תיז ןמשב הפוצש הייקנו הלודג הרעקל ינפל רונתב תוקד 15 חופתל םיחינמ .דמצנ ןוליינב

ותוא םיררוח ,רונתהמ קצבה תא םיאיצומ .םיכישממש
.תולק חמוקמ הדובע חטשמל ותוא םיכפוהו

c) םיכישממו 'ץניא 4 ירודכ העבראל קצבה תא םיקלחמ
.הציפה תנכה תוארוה יפל

44.ןומילו הלוגורא ,הלרצומ הציפ

ביכְּרַמְ

- הציפ קצב 1
- תוינבגע קסר תוסוכ 2
- תקסורמ ,םוש ןש 1
- שבוימ ונגרוא תיפכ 1
- תוינבגע קסר תיפכ 1
- חלמ תיפכ $\frac{1}{2}$
- ןוחט רוחש לפלפ
- םודא לפלפ יתיתפ תיפכ $\frac{1}{4}$
- תררוגמ הלרצומ תניבג תוסוכ 2
- תררוגמ הנאי'גימרפ סוכ $\frac{1}{2}$
- דמחנ שממ לבא ילנויצפוא
- שבוימו הקונמ ,הלוגורא (תוסוכ 2 ךרעב) רורצ יצח
- ןומיל $\frac{1}{2}$
- תיז ןמש ףוטפט

םינוויכ

a) יוצקים את רסק העגבניות לסיר בגודל בינוני ומחממים על אש בינונית. מוסיפים את השום, האורגנו ורסק העגבניות. מערבבים כדי לוודא שהמשחה נטמעה במחית.

b) מביאים לרתיחה (זה עוזר לרוטב להפחית מעט), ואז מנמיכים את האש ומערבבים כדי לוודא שהרוטב לא נדבק. הרוטב יכול להיות מוכן תוך 15 דקות או יכול להתבשל זמן רב יותר, עד חצי שעה. זה יקטן בכרבע, מה שנותן לך לפחות $\frac{3}{4}$ כוס פירה לכל פיצה.

c) טועמים מלח ומתבלים בהתאם, ומוסיפים את הפלפל השחור ו/או פתיתי הפלפל האדום. מסירים את שן השום.

d) מצקת את הרוטב לאמצע עיגול הבצק, ובעזרת מרית גומי מורחים עד לכיסוי מלא של פני השטח.

e) מניחים את המוצרלה (1 כוס לפיצה בגודל 12 אינץ') על גבי הרוטב. זכרו, הגבינה תתפשט כשהיא נמסה בתנור, אז אל תדאגו אם נראה כאילו הפיצה שלכם לא מכוסה היטב בגבינה.

f) מכניסים לתנור שחומם מראש ל-500 מעלות צלזיוס ואופים לפי ההוראות על בצק הפיצה.

g) כשהפיצה מוכנה, מקשטים אותה בפרמיג'אנה ובאורוגולה (אם משתמשים) סוחטים את הלימון על כל הירוקים ו/או מטפטפים שמן זית אם רוצים.

45.תינקיסקמ הציפ

ביכרמ

- ןוחט רקב רשב ג"ק 1/2
- חלמ תיפכ 1/2
- ןוחט שבוימ לצב תיפכ 1/4
- הקירפפ תיפכ 1/4
- ילי'צ תקבא תיפכ 1-1/2
- םימ תופכ 2
- .('ץניא 6 רטוק) תונטק חמק תויטרוט 8
- לושיב וא וקסירק רוציק ןמש סוכ 1
- תשדוחמ תיעושע תספוק (תויקנוא 16) 1
- תויבוקל הכותח היינבגע סוכ 1/3
- הנידע הטנקיפ הסלס סוכ 2/3
- תרורגמ רד'צ תניבג סוכ 1
- תרורגמ ק'ג יירטנומ תניבג סוכ 1
- ץוצק קורי לצב סוכ 1/4
- םיסורפ םירוחש םיתיז סוכ 1/4

כיוונים

a) מבשלים את הבשר הטחון על אש בינונית עד להשחמה, ואז מסננים את עודפי השומן מהמחבת. מוסיפים מלח, בצל, פפריקה, אבקת צ'ילי ומים, ולאחר מכן הניחו לתערובת להתבשל על אש בינונית כ-10 דקות. מערבבים לעתים קרובות.

b) מחממים שמן או קיצור קריסקו במחבת על אש בינונית-גבוהה. אם שמן מתחיל לעשן, הוא חם מדי. כשהשמן חם מטגנים כל טורטייה כ-30-45 שניות לכל צד ומניחים בצד על נייר סופג.

c) כאשר מטגנים כל טורטייה, הקפידו לפוצץ בועות שנוצרות כך שהטורטייה תשכב שטוח בשמן. טורטיות צריכות להפוך לחום זהוב. מחממים שעועית רענה במחבת קטנה מעל הכיריים או במיקרוגל.

d) מחממים תנור ל-400F. כאשר הבשר והטורטיות מוכנים, עורמים כל פיצה על ידי פיזור תחילה של כ-1/3 כוס שעועית מחודשת על פניה של טורטיה אחת. לאחר מכן מורחים 1/4 עד 1/3 כוס בשר, ואז טורטייה נוספת.

e) מצפים את הפיצות שלך בשתי כפות סלסה על כל אחת מהן, ואז מחלקים את העגבניות ועורמים אותן מעל. לאחר מכן מחלקים את הגבינה, הבצל והזיתים, ועורמים לפי הסדר הזה.

f) הכניסו פיצות לתנור החם למשך 8-12 דקות או עד שהגבינה מעל נמסה. מכין 4 פיצות.

46.לגייב הציפ ינימ

ביכְרַמ

- סלגייב ינימ
- הציפ בטור
- תררוגמ הלרצומ תניבג

םינוויכ

a) 400-ל רונת םיממחמ
b) לכ לע הווש ןפואב בטור םירזפמ ,םיינשל לגייב םיקלחמ הניבג םירזפמ ,יצח.
c) .םכמעט יפל הסמנ הניבגהש דע וא תוקד 3-6 םיפוא

47.הטלופום הציפ

ביכרמ

- קד ץוצק ירלס סוכ 1/2
- םיצוצק וטנמיפב םיאלוממ םיקורי םיתיז סוכ 1/3
- ץוצק יני'צורפפ סוכ 1/4
- ץוצק לייטקוק לצב סוכ 1/4
- הצוצק ,םוש ןש 1
- הלועמ תיתכ תיז ןמש תופכ 3
- שבי יקלטיא טלס בטור תבורעת תויפכ 2
- תויבוקל דותח ,סורפ קד ימלס/ריזח רשב .תויקנוא 3
- תררוגמ ןולובורפ תניבג .תויקנוא 8
- 'ץניא 12 לדוגב םילשובמ אל קצב ימורק 2
- תיתכ תיז ןמש

םינוויכ

a) הדנירמב םיתיז טלסל םינושארה 7 תא םיבברעמ םורק לעמ .הניבגו ריזח ,םיתיז טלס ובלש .הליל םיננצמו םיפוא .ןמש םיפטפטמ .תבורעתהמ 1/2 םע דחא קצב רובע סויזלצ תולעמ 500-ל שארמ םמוחש רונתב

(b .הסמנ הניבגהו ביהזמ סורקהש דע וא תוקד 8-10
ינפל תוקד 3-2-כ תשר לע סיננצמו רונתהמ סיאיצומ
.סישיגמו תוסורפל סיכתוחש

(c .רחא קצב סורק סע הלועפה לע רוזח

48. פיצה במחבת

ביכּרַמ

- קצב
- תיז ןמש תופכ 2
- הצוצקו הפולק ,םוש ןש 1
- תוינבגע קסר תופכ 2
- םעטה יפל ,ילי'צ יתיתפ טרוק
- תוקסורמ וא תוצוצק תוינבגע תויקנוא 128 לש תיחפ
- םעטה יפל וא ,שבד תופכ 2
- םעטה יפל וא ,רשכ חלמ תיפכ 1

םינוויכ

a) רתויב הלודגה בוברעה תרעקב חלמהו חמקה תא ובלש ,םימה תא םיבברעמ תפסונ בוברע תרעקב .םכלש .בטיה םיבברעמ .םירמשהו תיזה ןמש ,האמחה

b) תבורעת לע זכרמב המוג רוציל ידכ ימוג תירמב ושמתשה דות ,היינשה הרעקהמ םילזונה תא הל ופיסוהו ,חמקה דחאל ידכ הרעקה תונפד תא םידרגמו תירמה םע בוברע .לכה תא

c) לש ללבודמו לודג רודכ תלבקל דע דחי לכה םיבבברעמ .תוקד 30-ל םיחינמו דמצנ ןוליינב םיסכמ ,בוטר קצב

d) ותוא םישל ,תוחמוקמ םיידי תרזעבו קצבה תא םיפשוח
.תוקד 5 דע 3-כ ,דיחא ןפואב קיבדו קלח אוהש דע
םיסכמ ,הייקנ בוברע תרעקל קצבה רודכ תא םיריבעמ
תועש 5 דע 3 לש החיפתל םיחינמו דמצנ ןוליינב
תועש 6 תוחפל ,םיררקמ ןכמ רחאלו ,רדחה תרוטרפמטב
.24 דעו

e) קצבה תא םיאיצומ ,תוציפה תא ןיכהל םיצורש רקובב
600-כ(םלדוגב םיווש םיחתנ 3-ל םיקלחמ ,ררקמהמ
שמתשה .םיכראומ םירודכ םהמ םיבצעמו)דחא לכ םרג
לדוגב קוצי לזרבמ תותבחמ שולש ןמשל ידכ תיז ןמשב
'ץניא 10 לע 'ץניא 8 לדוגב הייפא תוינבת ,'ץניא 10
'ץניא 7 לדוגב תיכוכזמ הייפא ילכ ,תוהובג תונפד םע
םירודכה תא חנהו ,ןהלש והשלכ בוליש וא 'ץניא 11 לע
.םכותב

f) תרוטרפמטב החיפתל םיחינמו דמצנ ןוליינב םיסכמ
הליחתמ קרו הקירבמ תבורעתה .תועש 5 דע 3 ,רדחה
.למרקתהל

g) ,הכומנ-תינוניב שא לע ריס םיחינמ .בטורה תא םיניכמ
םיפיסומ ,ץנצנמ ןמשהשכ .תיז ןמש תופכ 2 ול םיפיסומו
אוהש דע בוברע ידכ ךות םילשבמו ןוחטה םושה תא
.תוקד 3 דע 2-כ ,יטמוראו ביהזמ

h) ,ילי'צ יתיתפ טרוקו תוינבגעה קסר תא םיפיסומ
בוברע ךות ,םילשבמ .תינוניבל שאה תא םיריבגמו
תובורק םיתעל

i) תא םיכימנמ ,החיתרל םיאיבמ ,תוינבגעה תא םיפיסומ
ידמ בוברע ךות ,תוקד 30 ךשמב לשבתהל םיחינמו שאה
.םעפ

j) חלמהו שבדה תא המינפ םיבברעמו שאהמ בטור םידירומ
םיחינמ וא הליבט רדנלבב םיבברעמ זאו ,םעטה יפל

להתקרר והשתמשו בבלנדר רגיל. (את הרוטב אפשר להכין מבעוד מועד ולשמור במקרר או במקפיא. זה מספיק ל-6 פשטידות בערך).

k) לאחר 3 שעות בערך הבצק יכפיל את נפחו כמעט. מותחים את הבצק בעדינות רבה לדפנות התבניות, גומלים אותו בעדינות עם האצבעות. לאחר מכן ניתן להשאיר את הבצק לנוח עוד 2 עד 8 שעות, מכוסה בניילון.

l) מכינים את הפיצות. מחממים תנור ל-450. מושכים בעדינות את הבצק לשולי התבניות אם הוא עדיין לא תפח לשוליים. השתמש בכף או מצקת כדי לשים 4 עד 5 כפות רוטב על הבצק, מכסה אותו בעדינות. מפזרים את המוצרלה החלות הנמוכה על הפשטידות, ואז מנקדים אותן במוצרלה הטרייה והפפרוני לפי הטעם. מפזרים את האורגנו ומזליפים במעט שמן זית.

m) מניחים את הפיצות על הרשת האמצעית של התנור על תבנית גדולה או ניירות אפייה כדי לכלוד נזילות, ואז מבשלים במשך 15 דקות בערך. השתמשו במרית אופסט כדי להרים את הפיצה ולבדוק את התחתיות.

n) הפיצה מוכנה כאשר הקרום מזהיב והגבינה נמסה ומתחילה להשחים מלמעלה, כ-20 עד 25 דקות.

49.ילי'צ הציפ ינורפפ

ביכרמ

- ןוחט רקב רשב דנואפ 2
- םח יקלטיא קינקנ ירושיק דנואפ 1
- ץוצק ,לודג לצב 1
- ץוצק ,לודג קורי לפלפ 1
- תוצוצק ,םוש יניש 4
- הסלס (תויקנוא 16) תנצנצ 1
- ןקורמ אל ,הפירח ילי'צ תיעועש (תויקנוא 16) תספוק 1
- תנקורמו הפוטש ,הילכ תיעועש (תויקנוא 16) תספוק 1
- הציפ בטור (תויקנוא 12) תיחפ 1
- יוצח ,סורפ ינורפפ (תויקנוא 8) הליבח 1
- םימ סוכ 1
- ילי'צ תקבא תויפכ 2
- חלמ תיפכ 1/2
- לפלפ תיפכ 1/2
- הזר הלרצומ תניבגררוגמ קלח (תויקנוא 12) תוסוכ 3

כיוונים

a) בתנור הולנדי מבשלים את בשר הבקר, הנקניק, הבצל, הפלפל הירוק והשום על אש בינונית עד שהבשר כבר לא ורוד; מסננים.

b) מערבבים פנימה את הסלסה, השעועית, רוטב הפיצה, הפפרוני, המים, אבקת הצ'ילי, המלח והפלפל. להביא לרתיחה. להפחית את החום; לכסות.

50. פיצה פסטו

ביכרמ

- םילועבג םע דרת ילע (םיזורא) תוסוכ 1 1/2
- (רורצ 1 דרעב) םיירט םוקיליזב ילע (זורא) סוכ 1/2
- תוזורא תיז ןמש וא תושבוימ תוינבגעמ ןמש תופכ 1 1/2 ןמשב
- הלודג םוש ןש 1
- תיז ןמש
- NY ןוגסב 'ץניא 12 קצב תפטעמ
- 2 תוטוחס ןמשב תוסורפ תושבוימ תוינבגע סוכ 1/3 (תויקנוא 8 דרעב) תררוגמ הלרצומ תניבג תוסוכ
- תררוגמ ןזמרפ תניבג סוכ 1

םינוויכ

a) םיריבעמ .הסג תיחמל דבעמב תונושארה 4 תא בברעל .המידק דחא םוי ןיכהל ןתינ(.הנטק הרעקל וטספה תא).ררקמ יוסיכל וטספה חטשמ לע תורישי קיטסלפ ץחל 'ץניא 12 הציפ תינבת םינמשמ .500F-ל רונת םיממחמ .תיז ןמשב

b) לע וטספה לכ תא םיחרומו תינבתב קצבה תא םירדסמ םיפוא .תוניבג זאו ,תושבוימ תוינבגע םירזפמ .קצבה .הסמנ הניבגהו םיחשמ םורקהש דע הציפ

51.קייטסי'צ ילייפ הציפ

ביִכָּרַמְ

- סורפ ,ינוניב לצב 1
- סורפ ,ינוניב קורי לפלפ 1
- תוסורפ ,תוירטפ .תויקנוא 8
- חלוגמ ,ףיבטסור .תויקנוא 8
- ריישרטסוו בטור תופכ 3
- רוחש לפלפ .הת 1/4
- הבע םורק ינאיליציס קצב הווצא 1
- תיז ןמש תופכ 3
- שותכ םוש תיפכ 1
- ןולוברופ תניבג תוסוכ 4
- תררוגמ ,ןזמרפ תניבג תוסוכ 1/4

םינוויכ

(a .ףיבטסור ףיסוהל דר דע תיז ןמש .ףכ 1-ב תוקרי םינגטמ .תוקד שולש דוע םילשבמ

(b םיפיסומ בטור ריישרטסוו לפלפו םיבברעמ םירסמו .שאהמ ׳שירִפְּהָ׳ל

(c םישירבמ תא קצבה המוכן ןמשב תיז ומורחים םוש שותכ לע לכ ינפ קצבה. למעלה בכבש הלק לש הניבג םררוגמ ,ולאהר ןמכ תעורבת רשב/ירקות ,לפיזור אחיד.

(d הלעמל םע הניבגה תררוגמה שנותרה, ואז פרמזן. ואופים בתנור חשומם מראש ל-500F עד שהגבינה נמסה ומבעבעת.

(e .השגהו דותיחה ינפל תוקד 5 תבשל םיחינמ

52.םיקורי םיתיז םע התיפב הציפ

ביכּרַמ

ץוצק טלס

- היוצחו הפולק ,םוש ןש 1
- ימסלב ץמוח תופכ 2
- קד סורפ ,יוצח ,ןטק םודא לצב 1
- הלועמ תיתכ תיז ןמש סוכ $\frac{1}{4}$
- סג םיצוצק ןיימור תובבל 3 ירט רוחש לפלפו סג םי חלמ תויבוקל םיכותח םיינוניב יבריק םינופפלמ 4
- סיב לדוגב תוכיתח
- תויבוקל םיכותחו וערז ,תוערוגמ ,תוינוניב תוינבגע 2
- תויבוקל דותח ,לשב ודקובא 1
- תוכיתחל םיעורק ,םיירט םוקיליזב ילע 5
- תוכיתחל םיעורק ,םיירט ענענ ילע 8-10

הציפ הציפ

- תותיפ ימחל תוחפ סיכ)'ץניא 7(4
- תדרוגמ ,ק'ג יירטנומ תניבג .תויקנוא 8
- םיצוצקו םינעלוגמ םיקורי םיתיז סוכ $\frac{1}{2}$
- לפלפ שותכ םודא לפלפ יתיתפ םינוחט ,וינפל'ג ילפלפ 2 טושיקל תחלוגמ ןזמרפ תניבג ירט ןוחט רוחש

םינוויכ

a) .סויזלצ תולעמ 450-ל רונתה תא םיממחמ

b) לש ימינפה קלחה תא תוצרמנ ופשפש ,טלסה תנכהל םודא לצבו ץמוח םיפיסומ .םושה םע הלודג הרעק ןמשה תא המינפ םיפרוט .תוקד 5-ל דצב םיחינמו

,ןופפלמה ,הסחה תא םיפיסומ .לפלפו חלמב םילבתמו
.בטיה םיבברעמו ענענהו םוקיליזבה ,ודקובאה ,היינבגעה

(c ןבא לע ,דרוצה תדימב תוצובקב ,תותיפה תא םיפוא
הרעקב .תוקד 3 ךשמב תממוחמה תבחמה וא הציפה
םיקלחמ .וינפל'גהו םיתיזה ,הניבגה תא םיבברעמ הנטק
.תותיפה עברא ןיב וזה תבורעתה תא

(d דע םיפואו ,םעפ לכב םייתש ,רונתל תותיפה תא םיריזחמ
תא םילות .תוקד 5-כ ,תולק המיחשמו תעבעבמ הניבגהש
.םישיגמו ןזמרפ תניבג םירזפמ ,תוציפה לע טלסה

(e םוש תקבא דוע ךסוה .בטור םע תותיפ םיחרומ
!דתריחבל תופסותה תא ךסוה זא .הצרת םא ונגרואו
תעלד וא םיאושיק ,םילפלפ ,לצב ,תוצוצק תוינבגע
!םיניזמו םימיעט םלוכ הבוהצ

(f .תוקד 10 ךשמל תולעמ 400-ב םיפוא

53.הציפ רגרוב

ביכ̣רמ̣

- ןוחט רקב רשב ג"ק 1
- םיצוצק םיתיז ץוצק 1/4
- רד'צ תניבג 1
- םוש תקבא ט 1/2
- תוינבגע בטור לוכי .תויקנוא 18
- תויבוקל דותח ,לצב 1

םינווּיכ

a) .לצבו םוש םע םיחשמ רשב
b) .םיתיזו תוינבגע בטור המינפ םיבברעמו שאהמ םיריסמ
c) .הניבג םע תויקינקנ תוינמחלב םיחינמ
d) 350 לש םוחב תוקד 15 םיפואו ףסכ ריינב םיפטוע .תולעמ

54.הציפ סקוב'צנאל

ביכרמ

- הלוגע התיפ 1
- תיז ןמש תיפכ 1
- הציפ בטור תופכ 3
- תררוגמ הלרצומ תניבג ג 1/2
- תוסורפ ינימירק תוירטפ .C 1/4
- םוש חלמ תויפכ 1/8

םינוויכ

a) תשר תא ןמשו הובג-ינוניב םוחל ךלש לירגה תא רדגה לירגה.

b) התיפה לש דחא דצ לע הציפה בטורו ןמשה תא םיחרומ הווש ןפואב.

c) לכה םירזפמו בטורה לעמ הניבגהו תוירטפה תא םיחינמ םושה חלמ םע.

d) יפלכ תוירטפה דצ םע ,לירגה לע התיפה תא םירדסמ הלעמ.

e) .תוקד 5-כ לירגה לע םילשבמו םיסכמ

55. פינוק פירותי צונן

ביכרמ

- רוריקב רכוס תויגוע קצב (תויקנוא 18) תחא הליבח
- תנצנצ ולמשרמ םרק (תויקנוא 7) 1
- תכוורמ ,תנמש תניבג הליבח (תויקנוא 8) 1

םינוויכ

a) השעתש ינפל F תולעמ 350-ל ךלש רונתה תא רדגה
.רחא רבד לכ

b) 1/4-כ לש יבועב תינוניב תינבת לע קצבה תא םיחינמ
.'ץניא

c) .תוקד 10-כ רונתב לכה םילשבמ

d) .ררקתהל דצב םירמושו רונתהמ לכה םיאיצומ

e) .ולמשרמה םרקו תנמשה תניבג תא הרעקב םיבברעמ

f) םיננצמו קצבה לע תנמשה תניבג תבורעת תא םיחרומ
.השגהה ינפל ררקמב

56.פיצה מעושנת

ביכרמ

- הרטמ לכל חמק .C 3 1/2
- םירמש טסארק הציפ
- רכוס ףכ 1
- חלמ תויפכ 1 1/2
- 130 דע תולעמ 120) דואמ םימח םימ .C 1 1/3
  (F תולעמ
- ןמש 'ג 1/3
- דודירל ףסונ חמק
- היילצל ףסונ ןמש
- הציפ בטור
- ןוצרה יפל תורחא תופסות
- תררוגמ הלרצומ תניבג

םינוויכ

a) תשר תא ןמשו הובג-ינוניב םוחל ךלש לירגה תא רדגה לירגה.

b) ,םירמשה ,חמקהמ .C 2 דחי םיבברעמ הלודג הרעקב חלמהו רכוסה.

c) תבורעת תלבקל דע םיבברעמו םימהו ןמשה תא םיפיסומ הדיחא.

d) רצונש דע םיבברעמו חמקה תרתי תא םיפיסומ ,טאל טאל קיבד טעמ קצב.

e) דע ותוא םישלו חמוקמ חטשמ לע קצבה תא םיחינמ יטסלא דפוה קצבהש.

f) לע קלח לכ םידדרמו םיקלח 8-ל קצבה תא םיקלחמ 'ץניא 8-כ לש לוגיעל חמוקמ חטשמ.

g) .ףסונ ןמשב םורק לכ לש םידדצה ינש תא םיפצמ

h) .תוקד 3-4-כ לירגה לע םורקה לכ תא םילשבמ

i) יפלכ יולצה דצהשכ ,קלח חטשמ לע סורקה תא םיריבעמ הלעמ.

j) ןפואב סורק לכ לע הציפ בטור לש הקד הבכש םיחרומ הווש.

k) םייוצרה הניבגהו תופסותה תא בטורה לעמ םיחינמ הסמנ הניבגהש דע לירגה לע לכה םילשבמו.

57.הקותמ הציפ

ביכְּרַמ

- רוריקב רכוס תויגוע קצב (תויקנוא 18) תחא הליבח
- תרשפומ ,האופק תפצק תפסות (תויקנוא 8) 1 לכימ
- הסורפ הננב 'ג 1/2
- םיסורפ םיירט םיתות 'ג 1/2
- ןקורמ ,שותכ סננא 'ג 1/2
- םייוצח ,םיניערג אלל םיבנע 'ג 1/2

םינוויכ

a) השעתש ינפל F תולעמ 350-ל ךלש רונתה תא רדגה .רחא רבד לכ
b) .'ץניא 12 לדוגב הציפ תינבת לע קצבה תא םיחינמ
c) .תוקד 15-20-כ רונתב לכה םילשבמ
d) .רקתהל דצב םירמושו רונתהמ לכה םיאיצומ
e) תא םילעמו סורקה לע ץפקומה יופיצה תא םיחרומ .יוצר בוציע לכב תוריפה
f) .השגהה ינפל ןוניצל םיררקמ

58.תידוחיי הציפ

ביכְּרַמ

- הציפ סורק לש רוריקב קצב תספוק (תויקנוא 10) 1
- 1 C סומוח חרממ
- עבצ לכב ,םיסורפ םיפירח םילפלפ 'ג 1 1/2
- ילוקורב יחרפ .1 C
- תררוגמ ק'ג יירטנומ תניבג .2 C

םינווכ

a) ינפל טייהנרפ תולעמ 475-ל ךלש רונתה תא רדגה
רחא רבד לכ השעתש.

b) הציפ תינבת לע קצבה תא םיחינמ.

c) הדיחא הרוצב סורקה לע סומוחה לש הקד הבכש םיחינמ
םילפלפהו ילוקורבה תא לכה לעמו.

d) -כ רונתב לכה םילשבמו הניבגה םע הציפה תא םירזפמ
תוקד 10-15.

59. פיצה אומן

ביכרמ

- שארמ יופא הציפ םורק ('ץניא 12) 1
- וטספ 1/2 C.
- הצוצק ,הלשב היינבגע 1
- ץוצק ,קורי לפלפ 'צ 1/2
- םינקורמ ,םיצוצק םירוחש םיתיז תספוק (תויקנוא 2) 1
- ץוצק ,ןטק םודא לצב 1/2
- םיסורפו םיננוסמ ,קושיטרא תובבל (תויקנוא 4) 1
- תררופמ הטפ תניבג ג 1

םינוויכ

a) ינפל טייהנרפ תולעמ 450-ל ךלש רונתה תא רדגה
.רחא רבד לכ השעתש
b) .הציפ תינבת לע קצבה תא םיחינמ
c) הדיחא הרוצב סורקה לע וטספה לש הקד הבכש םיחינמ
.הטפה תניבגו תוקריה םהילעמו
d) -כ רונתב לכה םילשבמו הניבגה םע הציפה תא םירזפמ
.תוקד 8-10

60.ינורפפ הציפ לבטמ

ביכרמ

- תככורמ ,תנמש תניבג הליבח (תויקנוא 8) 1
- הציפ בטור תיחפ (תויקנוא 14) 1
- תויבוקל הכותח ,ינורפפ תייקינקנ ג"ק 1/4
- ץוצק ,לצב 1
- םיצוצק ,םירוחש םיתיז תספוק (תויקנוא 6) 1
- תררוגמ הלרצומ תניבג ג 2

םינוויכ

a) ינפל טייהנרפ תולעמ 400-ל ךלש רונתה תא רדגה 'ץניא 9 לדוגב יאפ תינבת ןמשו רחא רבד לכ השעתש.

b) תנמשה תניבג תא םיחינמ ,הנכומה יאפה תינבת תיתחתב .הציפה בטור תא הילעמו

c) תניבג םירזפמו לצבהו ינורפפה ,םיתיזה תא לכה לעמ .הלרצומ

d) .תוקד 20-25-כ רונתב לכה םילשבמ

61.הנוט הציפ

ביכְרַמ

- תככורמ ,תנמש תניבג הליבח (תויקנוא 8) 1
- שארמ יופא הציפ םורק (תויקנוא 14) תחא הליבח
- ףלקתמו ןקורמ ,הנוט תספוק (תויקנוא 5) 1
- קד סורפ םודא לצב 'ג 1/2
- תררוגמ הלרצומ תניבג ג 1 1/2
- םעטה יפל וא ,שותכ םודא לפלפ יתיתפ

םינוויכ

a) ינפל טייהנרפ תולעמ 400-ל ךלש רונתה תא רדגה .רחא רבד לכ השעתש

b) .שארמ יופאה םורקה לע תנמשה תניבג תא וחירמ

c) תניבג תא םירזפמו לצבהו הנוטה םע םורקה תא םיחטשמ .םודאה לפלפה יתיתפו הלרצומה

d) .תוקד 15-20-כ רונתב לכה םילשבמ

62. עוף בטעם פיצה

ביכרמ

- יקלטיא לבותמ םחל ירוריפ 1/2 C.
- תררוגמ ןזמרפ תניבג 'צ 1/4
- חלמ תיפכ 1
- סורג רוחש לפלפ תיפכ 1
- הרטמ לכל חמק 'ג 1/2
- 1 הציב
- ןומיל ץימ ףכ 1
- תומצע אלל רוע אלל ףוע הזח יאצח 2
- קלוחמ ,הציפ בטור 'צ 1/2
- תקלוחמ ,תררוגמ הלרצומ תניבג ג 1/2
- םיקלוחמ - םעטה יפל וא ,ינורפפ תוסורפ 4

םינוויכ

a) ינפל טייהנרפ תולעמ 400-ל ךלש רונתה תא רדגה רחא רבד לכ השעתש.

b) םיפרוטו הציבהו ןומילה ץימ תא םיפיסומ הדודר תחלצב בטיה.

c) חמקה תא םיחינמ היינש הדודר הרעקב.

d) ירוריפ ,ןזמרפה תא דחי םיבברעמ תישילש הרעקב רוחשה לפלפהו ,םחלה.

e) םילגלגמו םיציבה תבורעתב ףוע הזח לכ םיפצמ חמקה תבורעתל.

f) םילגלגמו םיציבה תבורעתב ףועה תא םילבוט בוש םחלה ירוריפ תבורעתל.

g) לכה םילשבמו הייפא תינבתב ףועה הזח תא םירדסמ תוקד 20-כ רונתב.

h) ףוע הזח לכ לעמ הציפה בטורמ תופכ 2-כ םיחינמ
.הווש ןפואב ינורפפהו הניבגה תוסורפ םהילעמו

i) .תוקד 10-כ רונתב לכה םילשבמ

63.הציפ רקוב תחורא

ביכְרַמ

- סימימח סימ 2/3 C.
- טנטסניא סירמש הליבח (תויקנוא 0.25) 1
- חלמ תויפכ 1/2
- ןבל רכוס תיפכ 1
- שבוימ ונגרוא תויפכ 1/4
- הרטמ לכל חמק 1 3/4 C.
- תוצוצק ,ןוקייב תוסורפ 6
- קד סורפ ,קורי לצב 'ג 1/2
- םיפורט ,םיציב 6
- מעטה יפל לפלפו חלמ
- הציפ בטור 'צ 1/2
- תררוגמ ןזמרפ תניבג 'צ 1/4
- קד סורפ ימלס .תויקנוא 2

םינוויכ

a) םתאש ינפל טייהנרפ תולעמ 400-ל רונתה תא ונווכ
הציפ שגמ תולק םינמשמו רחא רבד לכ םישוע.

b) ונגרואה ,םירמשה ,רכוסה ,םימה תא םיפיסומ הרעקב
האלמ הסמהל דע םיבברעמו חלמהו.

c) בטיה םיבברעמו חמקהמ 'ג 1-כ םיפיסומ.

d) בטיה םיבברעמו חמקה תרתי תא םיפיסומ.

e) -10-כ דצב םירמושו הרעקה תא םיסכמ ,דמצנ ןוליינב
15 תוקד.

f) תא םילשבמו תינוניב שא לע הלודג תבחמ םיממחמ
האלמ המחשהל דע ןוקייבה.

g) .הקדכ בוברע דות םינגטמו קוריה לצבה תא םיפיסומ

h) דע בוברע ידכ דות םילשבמו םיציבה תא םיפיסומ .תונכומ תופורטה םיציבהש

i) .רוחשה לפלפהו חלמה תא המינפ םיבברעמ

j) לע קצבה תא םיחינמו קצבה לע הציפה בטור תא םיחרומ .ןכומה הציפה שגמ

k) םילשבמו ימלסהו ןזמרפה ,םיציבה ,ןוקייבה תא םילעמ .תוקד 20-25-כ רונתב לכה

64.הציפ ירט ןג

ביכרמ

- רוריקב רהס ילילג תוליבח (תויקנוא 8) 2
- תככורמ ,תנמש תניבג תוליבח (תויקנוא 8) 2
- זנוימ 'ג 1/3
- השבי תוקרי קרמ תבורעת (תויקנוא 1.4) תחא הליבח
- תוסורפ ,תוינונצ ג 1
- ץוצק קורי לפלפ 'ג 1/3
- ץוצק םודא לפלפ 'ג 1/3
- ץוצק בוהצ לפלפ 'ג 1/3
- ילוקורב יחרפ .C 1
- תיבורכ יחרפ 'ג 1
- ץוצק רזג 'ג 1/2
- ץוצק ירלס 'ג 1/2

םינוויכ

a) ינפל טייהנרפ תולעמ 400-ל ךלש רונתה תא רדגה רחא רבד לכ השעתש.
b) םיחרומ ,'ץניא 11X14 לדוגב לוריל'ג תינבת תיתחתב רהסה לילג קצב תא.
c) רוציל ידכ דחי םירפתה לכ תא טבצ ,תועבצאה תרזעב םורק.
d) .תוקד 10-כ רונתב לכה םילשבמ
e) .האלמ תוררקתהל דצב םירמושו רונתהמ לכה םיאיצומ
f) קרמו תנמשה תניבג ,זנוימה תא הרעקב םיבברעמ תוקריה.

g) הדיחא הרוצב םורקה לע זנוימה תבורעת תא םיחינמ
םתוא םיקדהמו הדיחא הרוצב תוקריה םע לכה לעמו
.זנוימה תבורעתל תונידעב

h) .הלילל התוא םיררקמו הציפה תא םיסכמ ,ןולייאנב

65.הציפ תויכנוק

ביכרמ

- תוקסורמ תוינבגע םירומיש תואספוק (תויקנוא 28) 2
- הלונק ןמש תופכ 2
- שבוימ ונגרוא תופכ 2
- שבוימ םוקיליזב תיפכ 1
- ןבל רכוס תיפכ 1
- ובמ'ג הטספ תויכנוק תספוק (תויקנוא 12) 1
- תוטוחס ,תוסורפ תוירטפ (תויקנוא 6) 1 תיחפ
- ץוצק ,קורי לפלפ 1/2
- ץוצק ,לצב 1/2
- תררוגמ ק'ג יירטנומ תניבג .C 2
- סורפ ינורפפ ינימ לש (תויקנוא 6) תחא הליבח

םינוויכ

a) םיפיסומ ,םוקיליזב ,תוקסורמה תוינבגעה תא תבחמל ,ונגרואו ,רכוס ןמשו םיבברעמו היטב.

b) םיסכמ תא הבחמה םיאיבמו לרתיחה.

c) םיכימנמ תא שאה לנמוכה םילשבמו כ-30 תוקד.

d) רדגה תא התנור לש דלק ל-350 תולעמ F.

e) תבחמב גדולה לש םימ םיחתור םוחלמים קלות, םילשבמ תא תויכנוקה הטספה כ-10 תוקד תוד ערבוב מדי פעם.

f) םיננסמ היטב ושומרים בצד.

g) םיבברעמ בקערה תא הפלפל היורק ,הבצל והפטריות.

h) םיחינמ כ-1 תיפכ טורמ העגבניות בכל קלפיה ומפזרים תא תערובת הבצל וכ-1 ףכ לש תניבג יירטנומ ק'ג.

i) תבנית אפייה בגודל 13X9 אינץ' ,םסדרים תא תופילקה ,וז דצל וז ונוגעים ומניחים על כל קליפה פרוסות מיני פפרוני.

j) .תוקד 30-כ רונתב לכה םילשבמ

66.פיצה איטלקית חמה

ביִכּרַמ

- תיז ןמש ףכ 1
- קד סורפ ,ידרפס לצב 1
- קד סורפ ,קורי לפלפ 1
- סורפ ,סח יקלטיא קינקנ (תויקנוא 3.5) 1
- מעטה יפל רתוי וא ,תוסורפ תוירט תוירטפ .C 1/4
- 4x4 לדוגב תוכיתחל הכותח ,הנכומ הטנלופ תסורפ 1 'ץניא
- דרוצה יפל וא ,יטגפס בטור 'צ 1/4
- תררוגמ הלרצומ תניבג .רג 1

םינוויכ

a) םידאמו תינוניב שא לע ןמשה תא םיממחמ הלודג תבחמב .תוקד 10-15-כ לצבהו תוירטפה ,לפלפה ,קינקנה תא

b) .הלודג הרעקל תבורעתה תא םיריבעמ

c) תוקד 5-כ םילשבמו הטנלופה תא םיפיסומ תבחמ התואל .םידדצה ינשמ

d) בטור הירחאו ,תויקינקנה תבורעת תא הטנלופה לעמ .הלרצומה תניבגו יטגפסה

e) .תוקד 5-10-כ םילשבמ

67.סנילרוא וינ ןונגסב הציפ

ביכְרַמ

- םינעלוגמ ,ובמ'ג םירוחש םיתיז 8
- םינעלוגמ םיקורי םיתיז 8
- ץוצק ירלס תופכ 2
- ץוצק םודא לצב תופכ 2
- תוצוצק םוש יניש 2
- ץוצק ירט םוקיליזב םילע 6
- הצוצק היירט היליזורטפ ףכ 1
- תיז ןמש תופכ 2
- שבוימ ונגרוא תויפכ 1/2
- םעטה יפל ירט סורג רוחש לפלפו חלמ
- ןכומ הציפ םורק (תויקנוא 16) תחא הליבח
- תיז ןמש ףכ 1
- םעטה יפל חלמו םעטה יפל םוש תקבא תויפכ 1/2
- ןולובורפ תניבג .תויקנוא 2-ו הלרצומ תניבג .תויקנוא 2
- תררוגמ ןזמרפ תניבג .תויקנוא 2
- תועוצרל ךותח ,קד םורפ השק ימלס .תויקנוא 2
- תועוצרל הכותח ,קד הסורפ הלדטרומ .תויקנוא 2
- תועוצרל ךותח קד םורפ וטושורפ .תויקנוא 4

םינוויכ

a) ,םושה ,ירלסה ,לצבה ,םיתיזה תא הרעקב םיבברעמ רוחש לפלפ ,חלמ ,שבוימ ונגרוא ,םיירטה לוביתה יבשע .ןמשו
b) .שומישה ינפל ןוניצל םיררקמו םיסכמ
c) .F תולעמ 500-ל ךלש רונתה תא רדגה

d) תקבא תא םירזפמו ןמשב הציפה קצב תא םישירבמ
.חלמהו םושה

e) לכה םילשבמו רונתה תשר לע הציפה קצב תא םירדסמ
.תוקד 5-כ רונתב

f) .האלמ תוררקתהל דצב םירמושו רונתהמ לכה םיאיצומ

g) .םטפל רונתה תא רדגה ,תעכ

h) .ראשה לכ תא דחי םיבברעמ הרעקב

i) .דוחיאל םיבברעמו םיתיזה תבורעת תא םיפיסומ

j) םילשבמו הווש ןפואב םורקה לע תבורעתה תא םיחינמ
.תוקד 5-כ םטפל תחתמ

k) .םישיגמו תויוצרה תוסורפל הנמה תא םיכתוח

68.ברעב ישימחב הציפ

ביכרמ

- סימח סימ .לזונ תויקנוא 10
- חלמ תויפכ 3/4
- יחמצ ןמש תופכ 3
- הרטמ לכל חמק 'ג 4
- םיליעפ םישבי םירמש תויפכ 2
- תוינבגע קסר תיחפ (תויקנוא 6) 1
- םימ 'ג 3/4
- ,וקאט לובית תבורעת (תויקנוא 1.25) תחא הליבח תקלוחמ
- ילי'צ תקבא תיפכ 1
- ןייאק לפלפ תויפכ 1/2
- ןמוש אלל תשדוחמ תיעועש תספוק (תויקנוא 16) 1
- הסלס .C 1/3
- ץוצק לצב 'ג 1/4
- ןוחט רקב רשב ג"ק 1/2
- תררוגמ רד'צ תניבג ג 4

םינוויכ

a) חמקה ,ןמשה ,חלמה ,םימה תא םיפיסומ םחלה תנוכמב ןרציה ידי לע ץלמומה רדסה יפל םירמשהו.

b) .קצבה רוזחמ תא רחב

c) .תוקד רפסמ רחאל קצבה תא םיקדוב

d) ףכ 1 םימ םיפיסומ ,טאל בברעתמ אלו ידמ שבי אוה םא לש השימג תויבקע ול שיו בברעתמ אוהש דע ,םעפ לכב .קצב

(e ,תוינבגעה קסר תא הנטק הרעקב םיבברעמ םייתניב
תקבא ,ןייאק לפלפ ,וקאטה לובית תבורעת תליבחמ 3/4
.םימו ילי'צ

(f תיעושעה ,הסלסה תא דחי םיבברעמ תרחא הרעקב
.לצבהו תשדוחמה

(g דע ןוחטה רשבה תא םילשבמו הלודג תבחמ םיממחמ
.האלמ המחשהל

(h .תבחמהמ ןמושה יפדוע תא םיננסמ

(i וקאטה לובית לש תרתונה הליבחה 1/4 תא םיפיסומ
.תוקד המכ םילשבמו םימ לש הנטק תומכו

(j .שאהמ לכה םיריסמ

(k .דישמתש ינפל F תולעמ 400-ל ךלש רונתה תא רדגה

(l .הנוכמהמ קצבה תא םיאיצומ ,קצבה רוזחמ םויס רחאל

(m תוינבת יתשל םיחינמו םיקלח 2-ל קצבה תא םיקלחמ
.'ץניא 12

(n הירחאו ,קצב לכ לע תיעושעה תבורעתמ הבכש םיחרומ
תניבגו רקבה תבורעת ,תוינבגעה קסר תבורעת לש הבכש
.רד'צה

(o עצמאב םיכפוה ,תוקד 10-15 -כ רונתב לכה םילשבמ
.הייפאה ןמז

69. פיצה צמחונית מעורבת

ביכרמ

- תיז ןמש ףכ 1
- םיברועמ תוקרי תיקש (תויקנוא 12) 1
- האלמ הטיחמ שארמ יופא הציפ םורק (תויקנוא 10) 1
- ןכומ הציפ בטור .C 1
- סורפ ינורפפ .רג 1
- תררוגמ הלרצומ תניבג ג 1

םינווכ

a) ינפל טייהנרפ תולעמ 450-ל ךלש רונתה תא רדגה רחא רבד לכ השעתש.

b) -תינוניב שא לע ןמשה תא םיממחמ ,הלודג ןוֹלפט תבחמב 10-כ ךשמב םיברועמה תוקריה תא םילשבמו ההובג םעפ ידמ בוברע ךות ,תוקד.

c) הייפא תינבת לע הציפה םורק תא םיחינמ.

d) םילעמו הווש ןפואב םורקה לע הציפה בטור תא םיחרומ הלרצומה תניבגו ינורפפ ,תוקריה תבורעת תא.

e) תוקד 10-כ רונתב לכה םילשבמ

70. המבורגר פיצה

ביכּרמ

- תולצופמ ,רגרובמה תוינמחל 8
- ןוחט רקב רשב ג"ק 1
- ץוצק לצב 'ג 1/3
- הציפ בטור תיחפ (תויקנוא 15) 1
- תררוגמ ןזמרפ תניבג ג 1/3
- יקלטיא לובית תויפכ 1/4 2
- םוש תקבא תויפכ 1
- לצב תקבא תויפכ 1/4
- שותכ םודא לפלפ יתיתפ תויפכ 1/8
- הקירפפ תיפכ 1
- תררוגמ הלרצומ תניבג ג 2

םינוויכ

a) קחרמב רונתה הלתמ תא ורדסו םטפל רונתה תא ונווכ םומיחה ףוגמ 'ץניא 6-כ לש.
b) יפלכ םורקה דצ םע ,היינמחלה יאצח תא םירדסמ תינבתב הקדכ ךשמב םטפל תחתמ לכה םילשבמו הטמ.
c) .F תולעמ 350-ל רונתה תא רדגה ,תעכ
d) תא םילשבמו תינוניב שא לע הלודג תבחמ םיממחמ תוקד 10-כ רשבה.
e) .תבחמהמ ןמושה יפדוע תא םיננסמ
f) .תוקד 5-כ לכה םינגטמו לצבה תא המינפ םיבבברעמ
g) םיאיבמו הלרצומה תניבג דבלמ רתונה תא םיפיסומ החיתרל.
h) .תוקד 10-15 ךשמב םעפ ידמ בוברע ךות םילשבמ
i) ןהילעמו הייפא רייני םע תינבת לע תוינמחלה תא םירדסמ הווש ןפואב הלרצומה תניבגו רקבה תבורעת תא.

j) .תוקד 10-כ רונתב לכה םילשבמ

71.הציפ םרק

ביכרמ

- ןוחט קינקנ ג"ק 1
- םינכומ הציפ ימורק ('ץניא 12) 2
- םיציב 12
- בלח 'ג 3/4
- םעטה יפל לפלפו חלמ
- קרמ לש זכורמ םרק תיחפ (תויקנוא 10.75) תספוק 1 ירלס
- ןוקייב תוכיתח (תויקנוא 3) 1
- ץוצק ,ןטק לצב 1
- ץוצק ,ןטק קורי לפלפ 1
- תררוגמ רד'צ תניבג ג 4

םינויכ

a) ינפל טייהנרפ תולעמ 400-ל ךלש רונתה תא רדגה רחא רבד לכ השעתש.

b) םילשבמו ההובג-תינוניב שא לע הלודג תבחמ םיממחמ האלמ המחשהל דע קינקנה תא.

c) גפוס ריינב תדפורמ תחלצ לע קינקנה תא םיריבעמ התוא םיררופמ זאו זוקינל.

d) חלמה ,םיציבה ,בלחה תא םיפיסומ הרעקב םייתניב
בטיה םיפרוטו רוחשה לפלפהו.

e) תובצייתהל דע םיציבה תא םיפרוט ,קינקנ תבחמ התואב
האלמ.

f) תויגועה יפד לע הכופה הציפה תפילק תא םירדסמ
תוקד 7-5-כ רונתב לכה םילשבמו.

g) יפלכ ידגנה דצה תא םיכפוהו רונתהמ םורקה תא םיאיצומ
הלעמ.

h) םורק לכ יבג לע ירלס םרק קרמ תספוק 1/2-כ םיחרומ.

i) םורק לכ לע םיציבה תבורעתמ 1/2 םיחינמ.

j) הציפה לעמו תחא הציפ לע ןוקייבה תוכיתח תא םיחינמ
ררופמה קינקנה תא היינשה.

k) הניבגהמ 'ג 2-ו םילפלפה ,לצבה תא הציפ לכ לעמ.

l) תוקד 25-30-כ ,רונתב לכה םילשבמ.

72.הניטנופ אמור הציפ

ביכרמ

- תיז ןמש 'ג 1/4
- ןוחט םוש ףכ 1
- םי חלמ תויפכ 1/2
- תוסורפ אמור תוינבגע 8
- שארמ םייופא הציפ ימורק (ץניא'12) 2
- תררוגמ הלרצומ תניבג .תויקנוא 8
- תררוגמ הניטנופ תניבג .תויקנוא 4
- םיררוגמ ,םיירט םוקיליזב ילע 10
- תררוגמ היירט ןזמרפ תניבג 'צ 1/2
- תררופמ הטפ תניבג ג 1/2

םינווּיכ

a) ינפל טייהנרפ תולעמ 400-ל ךלש רונתה תא רדגה רחא רבד לכ השעתש.

b) חלמהו ןמשה ,םושה ,תוינבגעה תא הרעקב םיבברעמ תוקד 15-כ דצב םירמושו.

c) תוינבגעה תדנירממ קלחב הציפ םורק לכ םיפצמ.

d) ,תוינבגע ןהירחאו ,הניטנופו הלרצומ תוניבג לכה לעמ הטפ תניבגו ןזמרפ ,םוקיליזב.

73.פיצה עוף תרד חריף

ביִכּרַמ

- סימימח סימ. C 1
- ןבל רכוס ףכ 1
- סיליעפ סישבי סירמש (תויקנוא 0.25) תחא הליבח
- יחמצ ןמש תופכ 2
- הרטמ לכל חמק 'ג 3
- חלמ תיפכ 1
- ןוקייב תוסורפ 6
- האמח תופכ 6
- תוצוצק ,סוש יניש 2
- הדבכ תנמש. C 1 1/2
- סינומלח 2
- תררוגמ הייריט ןזמרפ תניבג 'צ 1/2
- תררוגמ הייריט ונמור תניבג 'ג 1/2
- ןוחט טקסומ זוגא תויפכ 1/8
- הקירפפ תויפכ 1/2
- ןייאק לפלפ תויפכ 1/4
- ןוחט ןומכ תויפכ 1/4
- ררופמ שבוימ ןימיט תויפכ 1/4
- חלמ תויפכ 1/8
- סורג ןבל לפלפ תויפכ 1/8
- לצב תקבא תויפכ 1/8
- תומצע אלל רוע אלל ףוע הזח יאצח 2
- יחמצ ןמש ףכ 1
- תררוגמ הלרצומ תניבג ג 1
- דרת יבייב ילע 'ג 1/2
- תררוגמ הייריט ןזמרפ תניבג תופכ 3
- תויבוקל הכותח ,אמור היינבגע 1

םינוויכ

a) ,קצב וב דיוצמ ,לודג דמעמ לברעמ לש הדובעה תרעקב ןמשהמ תופכ 2-ו םירמשה ,רכוסה ,םימה תא םיפיסומ .הכומנ תוריהמב תוינש רפסמ ךשמב םיבברעמו יחמצה

b) חלמהו חמקה תא םיפיסומו רסקימה תלועפ תא םירצוע םיבברעמו הכומנ תוריהמב רסקימה תא םיליחתמ בושו תבורעת םע ןיטולחל תדחאתמ חמקה תבורעתש דע .םירמשה

c) תא םישלו הכומנ-תינוניבל תוריהמה תא רבעה ,תעכ .תוקד 12 דע 10-כ ךשמב הנוכמב קצבה

d) קבדנ אוה םא םעפ ידמ חמקה תא קצבה לע םירזפמ .הרעקה תונפדל

e) תנמושמ הרעקל לכה םיחינמו רודכל קצבה תא םיבצעמ הפציש ידכ םימעפ רפסמ הרעקב קצבה תא םיכפוהו .הדיחא הרוצב ןמשב

f) םימח םוקמב ותוא םירמושו קצבה תא םיסכמ ,תבגמב .העש דע תוקד 30 תוחפל

g) םילשבמו ההובג-תינוניב שא לע הלודג תבחמ םיממחמ .האלמ המחשהל דע ןוקייבה תא

h) גפוס ריינב תדפורמ תחלצ לע ןוקייבה תא םיריבעמ .ותוא םיצצוק זאו זוקינל

i) תינוניב שא לעו האמחה תא םיסימממ הלודג תבחמב .הקדכ םושה תא םידאמו

j) םיפיצקמו םינומלחהו תנמשה תא המינפ םיבברעמ .הדיחא תבורעתל

k) תניבג ,ןזמרפה תניבגמ 'ג 1/2-כ המינפ םיבברעמ שא לע הנידע החיתרל םיאיבמו חלמו טקסומ זוגא ,ונמור .הכומנ

l) .תוקד 5-3-כ ךשמתמ בוברע דות םילשבמ

m) מסירים הכל מהאש ושומרים בצד.

n) הגדר את התנור שלך ל-350 מעלות F לפני שתמשיך.

o) מערבבים בקערה את התימין, הכמון, הפפריקה, פלפל הקאיין, אבקת הבצל, 1/8 כפיות מהמלח והפלפל הלבן.

p) משפשפים צד אחד של כל חזה עוף בתערובת התבלינים באופן שווה.

q) במחבת, מחממים 1 כף מהשמן הצמחי על אש גבוהה וצורבים את חזה העוף, בצד המתובל, כדקה אחת לכל צד.

r) מעבירים את חזה העוף על תבנית אפייה.

s) מבשלים הכל בתנור במשך כ-5-10 דקות, או עד שהוא מוכן לחלוטין.

t) מוציאים הכל מהתנור וחותכים לפרוסות.

u) מניחים את בצק הפיצה על משטח מקומח וחוררים אותו למטה, ואז הוא מגלגל.

v) מניחים את קרום הפיצה על תבנית אפייה כבדה.

w) עם מזלג, לחורר כמה חורים, בקרום ולבשל הכל בתנור דקות כ-5-7.

x) מוציאים הכל מהתנור ומניחים את רוטב האפרדו על הקרום באופן שווה, ואחריו גבינת המוצרלה, פרוסות העוף, עלי התרד, הבייקון ו-3 כפות של גבינת הפרמזן.

y) מבשלים הכל בתנור כ-15-20 דקות.

z) מגישים עם תוספת של עגבניות רומא קצוצות.

74.אחספה גחל הציפ

ביכרמ

- תרוזפתב יקלטיא קינקנ ג"ק 1/2
- תיז ןמש
- רשפומ ,אופק םחל קצב רכיכ (ג"ק 1) 1
- הסורפ הלרצומ תניבג ג"ק 1/2
- סורפ לשובמ ריזח רשב ג"ק 1/2
- הסורפ ןולובורפ תניבג ג"ק 1/2
- סורפ ימלס ג"ק 1/2
- סורפ ינורפפ ג"ק 1/2
- הטוקיר תניבג (תויקנוא 16) 1
- תררוגמ ןזמרפ תניבג ג 1/2
- םיפורט ,םיציב 8
- 1 הציב
- םימ תיפכ 1

םינוויכ

a) תא םילשבמו תינוניב שא לע הלודג תבחמ םיממחמ .תוקד 8-5-כ הייקינקנה

b) קינקנה תא םיריבעמו תבחמהמ ןמושה יפדוע תא םיננסמ .הרעקל

c) ןמשו סויזלצ תולעמ 350-ל ךלש רונתה תא רדגה .תיזה ןמשב 'ץניא 10 לדוגב ףצק תינבת

d) תחתמ דצב םירמושו רכיכהמ קצבהמ 1/3 םיכתוח .תבגמל

e) לע םיחינמו רודכל םירתונה קצבה 2/3 תא םיבצעמ 14 לדוגב לוגיעל םידדרמ ןכמ רחאלו חמוקמ חטשמ 'ץניא.

f) םירשפאמו ,הנכומה תיציפקה תינבתב קצבה תא םיחינמ ביבסמ םירטמיטנס 2-ב הצקה לעמ תולתל קצבל.

g) הירחאו ,תלשובמה היקינקנהמ תיצחמ םיחינמ ,םורקה לע תיצחמ ,ריזח רשבמ תיצחמ ,הלרצומה תניבגמ תיצחמ תומכמ תיצחמו ימלסהמ תיצחמ ,הנולובורפ תניבגמ ינורפפה.

h) תניבגמ יצח הירחאו ,הטוקירה תניבג םע לכה לעמ תופורטה םיציבהמ יצח ,הטוקירה לעמ ןזמרפה.

i) תחא םעפ תובכשה לכ לע רוזח.

j) 12 לדוגב לוגיעל הרתונש םחלה קצב תכיתח תא םידדרמ 'ץניא.

k) תא רוציל ידכ הציפה תדיטשפ לעמ חתנה תא םיחינמ ןותחתה קצבה תא םיטבוצ זאו ,םילגלגמו ןוילעה םורקה יולימה תא םוטאל ידכ ןוילעה םורקה לעמ.

l) תא םיפצמו םימ םע תחא הציב םיפרוט ,הנטק הרעקב םיציבה תפיטשב יאפה לש ןוילעה קלחה.

m) םסיקש דע וא תוקד 60-50-כ רונתב לכה םילשבמ יקנ אצוי םורקה זכרמב ץעננה.

75.הציפ לוב-רפוס

ביכּרַמ

- םיפשפושמ ,המדא יחופת 3
- ןוקייב תוסורפ 6
- הציפ קצב תבורעת (תויקנוא 6.5) 1
- םימ 'ג 1/2
- תיז ןמש 'ג 1/4
- תסמומ ,האמח ףכ 1
- םוש תקבא תויפכ 1/4
- שבוימ יקלטיא לובית תויפכ 1/4
- הצומח תנמש 'ג 1/2
- הווחב השיבח .C 1/2
- םיצוצק ,םיקורי םילצב 3
- תררוגמ הלרצומ תניבג ג 1 1/2
- תררוגמ רד'צ תניבג ג 1/2

םינויכ

a) ינפל טייהנרפ תולעמ 450-ל ךלש רונתה תא רדגה השעתש לכ רבד רחא.

b) םימעפ רפסמ המדאה יחופת תא םירקוד גלזמ תרזעב םירדסמו םתוא לע תינבת הייפא.

c) םילשבמ לכה רונתב כ-50-60 תוקד.

d) םיאיצומ לכה רונתהמ ,םיננצמו זאו םיפלקמ םתוא.

e) םיממחמ תבחמ הלודג לע שא תינוניב-ההובג םילשבמו תא ןוקייבה כ-10 תוקד.

f) םיריבעמ תא ןוקייבה לע תחלצ תדפורמ רייבנ גפוס ןקינזוא םיררופמ ותוא.

g) ןמשו טייהנרפ תולעמ 400-ל רונתה תא ונווכ ,תעכ
הציפ תינבת תולק.

h) םימו ןמש ,הציפ תבורעת תא םיפיסומ ,הלודג הרעקב
הדיחא תבורעת תלבקל דע םיבברעמ גלזמ תרזעבו.

i) 8-כ םישלו תולק חמוקמ חטשמ לע קצבה תא םיחינמ
תוקד.

j) תוקד 5-כ דצב םירמוש.

k) תינבתב ותוא םירדסמו חוטש לוגיעל קצבה תא םיבצעמ
הצקל רבעמ טעמ תולתל קצבל םיחינמ ,הנכומה הציפה.

l) תוקד 5-6-כ רונתב לכה םילשבמ.

m) ,האמחה ,המדאה יחופת תא דחי םיבברעמ הלודג הרעקב
יקלטיאה לוביתהו םושה תקבא.

n) בטורו הצומחה תנמשה תא דחי םיבברעמ הנטק הרעקב
הווחה.

o) הרוצב םורקה לע הצומחה תנמשה תבורעת תא םיחינמ
הירחאו ,המדאה יחופת תבורעת תא הילעמו הווש
רד'צה תניבגו הלרצומה תניבג ,לצבה ,ןוקייבה.

p) תוקד 15-20-כ רונתב לכה םילשבמ.

76.החוטש הציפ

ביכּרֽמ

- תיז ןמש ףכ 1
- תוסורפ ,ינימירק תוירטפ 6
- תוצוצק ,םוש יניש 3
- סורג רוחש לפלפו חלמ טרוק 1
- תיז ןמש ףכ 1
- 2 לש תוכיתחל ךותחו ץוצק ,ירט סוגרפסא תותינח 8 'ץניא
- 2 לש תוכיתחל ךותח ,דוולפאב ןשועמ ןוקייב ג"ק 1/2 'ץניא
- ןכומ חוטש הציפ סורק ('ץניא 12) 1
- ןכומ הרנירמ בטור .C 3/4
- תררוגמ הלרצומ תניבג ג 1/2
- תררוגמ וגאיסא תניבג 'צ 1/2

םינויכ

(a מתאש ינפל סויזלצ תולעמ 400-ל רונתה תא ונווכ רייַנב הייפא רייַנב תינבת םידפרמו רחא רבד לכ םישוע ףסכ.

(b םידאמו תינוניב שא לע ןמש ףכ 1 םיממחמ הלודג תבחמב תוקד 10-כ רוחשה לפלפהו חלמה ,םושה ,תוירטפה תא.

(c דצב םירמושו שאהמ לכה םיריסמ.

(d -תינוניב שא לע ןמש ףכ 1 םיממחמ תפסונ הלודג תבחמב ידכ ךות תוקד 8-כ סוגרפסאה תא םילשבמו ההובג םעפ ידמ בוברע.

(e הרעקל סוגרפסאה תא םיריבעמ.

f) מנמיכים את האש לבינונית, ובאותה מחבת מבשלים את הבייקון כ-10 דקות.

g) מעבירים את הבייקון על צלחת מרופדת בנייר סופג לניקוז.

h) מסדרים את קרום הלחם השטוח על תבנית האפייה המוכנה.

i) מניחים את רוטב המרינרה על הקרום באופן שווה, ואחריו את תערובת הפטריות, האספרגוס, הבייקון, גבינת המוצרלה וגבינת אסיאגו.

j) מבשלים הכל בתנור כ-12-15 דקות.

77.רקובב םדקומ הציפ

ביכרמ

- ןוחט ריזח קינקנ ג"ק 1
- יפל וא ,רוריקב רהס לילג קצב (תויקנוא 8) תחא הליבח
  דרוצה
- תררוגמ ,הנידע רד'צ תניבג .תויקנוא 8
- םיציב 6
- בלח 'ג 1/2
- חלמ תויפכ 1/2
- םעטה יפל סורג רוחש לפלפ

םינווּיכ

a) ינפל טייהנרפ תולעמ 425-ל ךלש רונתה תא רדגה
רחא רבד לכ השעתש.

b) תא םילשבמו תינוניב שא לע הלודג תבחמ םיממחמ
האלמ המחשהל דע רשבה.

c) תבחמהמ ןמושה יפדוע תא םיננסמ.

d) תנמושמ הייפא תינבת לע רהסה לילג קצב תא םיחינמ
ץניא 13x9 לדוגב'.

e) רהסה לילג קצב לע רד'צה תניבגו קינקנה תא םיחינמ
הדיחא הרוצב.

f) ררקמל םיסינכמו הייפאה תינבת תא םיסכמ ,ןוליינב
הליל דע תועש 8-כ ךשמל.

g) F. תולעמ 350-ל ךלש רונתה תא רדגה

h) לפלפהו חלמה ,בלחה ,םיציבה תא םיפיסומ הרעקב
בטיה םיפרוטו רוחשה.

i) תינבתב הניבגהו קינקנה לע םיציבה תבורעת תא םיחינמ
.הווש ןפואב הייפאה

j) םילשבמו הייפאה תינבת תא םיסכמ ,ףסכ ריינ טעמ םע
.תוקד 20-כ רונתב לכה

k) .דישמתש ינפל F תולעמ 325-ל רונתה תא רדגה ,תעכ

l) -15-כ רונתב לכה םילשבמו הייפאה תינבת תא םיפשוח
.תוקד 25

Backroad Pizza.78

ביכרמ

- ןוחט רקב רשב ג"ק 1
- ,תוירטפ קרמ תנמש תזכורמ תיחפ (תויקנוא 10.75) 1 תללודמ אל
- שארמ יופא קד הציפ סורק ('ץניא 12) 1
- תררוגמ רד'צ תניבג (תויקנוא 8) תחא הליבח

םינוויכ

a) ינפל טייהנרפ תולעמ 425-ל ךלש רונתה תא רדגה .רחא רבד לכ השעתש

b) תא םילשבמו תינוניב שא לע הלודג תבחמ םיממחמ .האלמ המחשהל דע רשבה

c) .תבחמהמ ןמושה יפדוע תא םיננסמ

d) ןפואב הציפה תפילק יבג לע תוירטפה קרמ תא םיחינמ .הניבגה וירחאו ,לשובמה רקבה רשב תא וילעמו הווש

e) .תוקד 15-כ רונתב לכה םילשבמ

79.םידליל תויתודידי תוציפ

ביכרמ

- ןוחט רקב רשב ג"ק 1
- ןוחטו ירט ריזח קינקנ ג"ק 1
- ץוצק ,לצב 1
- תויבוקל הכותח ,תדבועמ תיאקירמא הניבג .תויקנוא 10
- לייטקוק ןופיש םחל .תויקנוא 32

םינווכ

a) השעתש ינפל F תולעמ 350-ל דלש רונתה תא רדגה רחא רבד לכ.

b) דע רקבהו קינקנה תא םילשבמו הלודג תבחמ םיממחמ האלמ המחשהל.

c) תא םינקורמו דוכירל דע םינגטמו לצבה תא םיפיסומ תבחממהמ ןמושה יפדוע.

d) דע םילשבמו תדבועמה הניבגה ןוזמ תא המינפ םיבברעמ הסמנ הניבגהש.

e) ךכ הסורפ לכ לעמו םחלה תוסורפ תא םיחינמ תינבת לע רקבה תבורעתמ השודג.

f) תוקד 12-15-כ רונתב לכה םילשבמ.

80.היינבליסנפ ןונגסב הציפ

ביכּרמ

- רשפומ ,האלמ הטיחמ אופק קצב רכיכ (ג"ק 1) 1
- השבלה יא ףלא 'ג 1/2
- תררוגמ תירציווש הניבג ג 2
- תועוצרל דותח ,ףיבנרוק סורפ הינדעמ .תויקנוא 6
- ןקורמו ףוטש - שובכ בורכ .C 1
- למיק יערז תויפכ 1/2
- (הבוח אל) םיצוצק רימש םיצומח .C 1/4

םינוויכ

a) ינפל טייהנרפ תולעמ 375-ל דלש רונתה תא רדגה הציפ תינבת ןמשו רחא רבד לכ השעתש.
b) לוגיעל םחלה קצב תא םידדרמ ,תולק חמוקמ חטשמ לע מ"ס 14-כ לש רטוקב לודג.
c) תא םיטבוצו הנכומה הציפה תינבת לע קצבה תא םיחינמ םיילושה.
d) תוקד 20-25-כ רונתב לכה םילשבמ.
e) טלסל בטורה תיצחמ תא וילעמו רונתהמ לכה םיאיצומ ,תירציווש הניבגהמ תיצחמ וירחאו ,הווש ןפואב תיראשו שובכ בורכ , רתונה טלסה בטור ,ףיבנרוק תירציווש הניבגה.
f) הדיחא הרוצב למיקה יערז םע לעמ.
g) תוקד 10-כ רונתב לכה םילשבמ.
h) ץומחה ןופלמה תא וילעמו רונתהמ לכה םיאיצומ ץוצקה.

81.תיבלח הציפ

ביכרמ

- ןוחט רקב רשב ג"ק 1
- סורפ ינורפפ קינקנ ג"ק 1/4
- הציפ בטור תיחפ (תויקנוא 14) 1
- האמח בלחמ םיטיווקסיב קצב תוליבח (תויקנוא 12) 2 רוריקב
- תועבטל דרפומו סורפ ,לצב 1/2
- םיסורפ םירוחש םיתיז תספוק (תויקנוא 10) 1
- תוסורפ תוירטפ תיחפ (תויקנוא 4.5) 1
- תררוגמ הלרצומ תניבג ג 1 1/2
- תררוגמ רד'צ תניבג ג 1

םינוויכ

a) ינפל טייהנרפ תולעמ 400-ל ךלש רונתה תא רדגה 13x9 לדוגב הייפא תינבת ןמשו רחא רבד לכ השעתש ןקניא'.

b) םילשבמו ההובג-תינוניב שא לע הלודג תבחמ םיממחמ האלמ המחשהל דע רשבה תא.

c) םינקורמו המחשהל דע םילשבמו ינורפפה תא םיפיסומ תבחמהמ ןמושה יפדוע תא.

d) שאהמ לכה םיריסמו הציפה בטור תא םיבברעמ.

e) הייפאה תינבתב םירדסמו םיעברל טיווקסיב לכ םיכתוח הנכומה.

f) הרוצב םיטיווקסיבה לע רקבה תבורעת תא םיחינמ תוירטפו םיתיז ,לצב םהילעמו הדיחא.

g) תוקד 20-25-כ רונתב לכה םילשבמ.

82.פיצה וסטרשייר

ביכרמ

- הזר רקב רשב ג"ק 1/2
- תויבוקל דותח ינורפפ 'ג 1/2
- הציפ בטור .C 1 1/4
- תררופמ הטפ תניבג ג 1
- ריישרטסוו בטור תויפכ 1/2
- ףירח לפלפ בטור תויפכ 1/2
- םעטה יפל סורג רוחש לפלפו חלמ
- לושיב ייֵרפס
- רוריקב םיטיווקסיב קצב תספוק (תויקנוא 10) 1
- הציב ןומלח 1
- תררוגמ הלרצומ תניבג ג 1

העגה תוארוה

a) ינפל סויזלצ תולעמ 375-ל ךלש רונתה תא רדגה הייגוע תינבת ןמשו רחא רבד לכ השעתש.

b) םילשבמו ההובג-תינוניב שא לע הלודג תבחמ םיממחמ האלמ המחשהל דע רשבה תא.

c) שאה תא םיכימנמו תבחמהמ ןמושה יפדוע תא םיננסמ תינוניבל.

d) בטור ,הטפ ,ינורפפ ,הציפה בטור תא המינפ םיבברעמ דות םינגטמו לפלפו חלמ ,ריישרטסוו בטור ,ףירח לפלפ הקדכ בוברע.

e) הנכומ תינבת לע םירדסמו םיטיווקסיבה תא םידירפמ הזמ הז םירטמיטנס 3-כ לש קחרמב.

f) רוציל ידכ טיווקסיב לכ לע ץחל ,סוכה תיתחת םע 1/2 לדוגב הפש םע 'ץניא 4 לדוגב לוגע טיווקסיב ינוציחה הצקל ביבסמ 'ץניא.

g) םימהמ תויפכ 1/4-ו ןומלחה תא םיפיסומ הנטק הרעקב
.בטיה םיפרוטו

h) טיווקסיב עיבג לכב רקבה תבורעתמ 'ג 1/4-כ םיחינמ
.הלרצומה תניבג לעמו

i) .תוקד 15-20-כ רונתב לכה םילשבמ

83. פיצה ביף BBQ

ביכרמ

- הכותח ,רקב תייקינקנ (תויקנוא 12) תחא הליבח
'ץניא 1/4 לדוגב תוסורפל.
- הציפ םורק 'ץניא 12 לדוגב תוזירא (תויקנוא 14) 2
יקלטיא
- ןכומ ויקיברב בטור 'ג 2/3
- קד םורפ םודא לצב 'ג 1
- תוקד תועוצרל ךותח ,םיערזמ ,קורי לפלפ 1
- תררוגמ הלרצומ תניבג ג 2

םינווכ

a) ינפל טייהנרפ תולעמ 425-ל ךלש רונתה תא רדגה
רחא רבד לכ השעתש.

b) הייפא תוריינ 2 לע הציפה םורק תא םירדסמ.

c) הווש ןפואב םורק לכ לע ויקיברבה בטור תא םיחרומ,
הלרצומ תניבגו לפלפ ,םודא לצב ,קינקנ וירחאו.

d) תוקד 20-כ רונתב לכה םילשבמ.

84.ינוטגיר הציפ

ביּכרַמ

- ןוחט רקב רשב ג"ק 1 1/2
- ינוטגיר הטספ (תויקנוא 8) 1
- תררוגמ הלרצומ תניבג (תויקנוא 16) תחא הליבח
- קרמ לש תנמש תזכורמ תיחפ (תויקנוא 10.75) 1 תוינבגע
- הציפ בטור תונצנצ (תויקנוא 14) 2
- סורפ ינורפפ קינקנ (תויקנוא 8) תחא הליבח

םינוויכ

a) םילשבמ תולק םיחלמומ םיחתור םימ לש הלודג תבחמב תא הטספה כ-8-10 תוקד.

b) דצב םירמושו בטיה םיננסמ.

c) ההובג-תינוניב שא לע הלודג תבחמ םיממחמ ,םייתניב םילשבמו תא רשבה דע להשחמה האלמ.

d) תבחמהמ ןמושה יפדוע תא םיננסמ.

e) ריסב לושיבל יטיא םיחינמ תא רשב הרקבה ,ואחריו ינורפפה תייקינקנו בטורה ,קרמה ,הניבגה ,הטספה.

f) ונווכ תא רונתה איטיה לע Low םילשבמו ,הסוכמ כ-4 תועש.

85. פיצה בסגנון מקסיקני

ביכרמ

- ןוחט רקב רשב ג"ק 1
- ץוצק ,לצב 1
- תוצוצק ,תוינוניב תוינבגע 2
- לפלפ תויפכ 1/4-ו חלמ תויפכ 1/2
- ןוחט ןומכ ףכ 1-ו ילי'צ תקבא תויפכ 2
- תשדוחמ תיעועש תספוק (תויקנוא 30) 1
- חמק תויטרוט ('ץניא 12) 14
- הצומח תנמש 'ג 2
- תררוגמ יבלוק תניבג ג"ק 1/4 1
- תררוגמ ק'ג יירטנומ תניבג ג"ק 1/2 1
- קד םיסורפו םיערזמ ,םימודא םילפלפ 2
- קד םיסורפו םיערזמ ,םיקורי םילפלפ 4
- תוינבגע 3-ו טוחס ,תויבוקל ךותח קורי ילי'צ תיחפ תוצוצק
- ררוגמ לשובמ ףוע רשב .C 1/2 1
- תסמומ ,האמח .C 1/4
- הטנקיפ בטור תנצנצ (תויקנוא 16) 1

םינוויכ

a) ינפל טייהנרפ תולעמ 350-ל ךלש רונתה תא רדגה לדוגב לוריפ'ג תינבת ןמשו רחא רבד לכ השעתש .'ץניא 15x10
b) תא םילשבמו תינוניב שא לע הלודג תבחמ םיממחמ .האלמ המחשהל דע רשבה
c) .תבחמהמ ןמושה יפדוע תא םיננסמ

d) .דוכירל דע םינגטמו תוינבגעה 2-ו לצבה תא םיפיסומ

e) ,ילי'צה תקבא ,תשדוחמה תיעועשה תא המינפ םיבברעמ .אלמ םומיחל דע םילשבמו לפלפהו חלמה ,ןומכה

f) םיילושהשכ הנכומה תינבתה לע תויטרוטהמ 6 םירדסמ .תינבתה תונפד לע בטיה םיכלוה

g) ,הווש ןפואב תויטרוטה לע תיעועשה תבורעת תא םיחרומ ,יבלוק תניבגמ 1/3 ,הצומחה תנמשהמ תיצחמ הירחאו 1/3 ,קוריה ילי'צהמ ףכ 1 ,ק'ג ייריטנומ תניבגמ 1/3 םודאה לפלפה תועוצרמ 1/3-ו ,קוריה לפלפה תועוצרמ .הצוצקה היינבגעהמ 1/3-ו

h) תנמשה תא םילעמו ,תופסותה לעמ תויטרוט 4 םיחינמ יתשמ 1/3 ,ררוגמה ףועה תא ןהירחאו ,הרתונש הצומחה .תוינבגעו ילי'צ ,קוריו םודא לפלפ ,תוניבגה

i) ,תוניבגה ראש תא ןהירחאו ,תויטרוט 4 םיחינמ ,תעכ הניבגהמ קלח םע םימייסמו ,ילי'צה ,תוינבגעה ,םילפלפה .הלעמל תררוגמה

j) תרזעב םיקדהמו ,המינפ םייולתה תווצקה תא םילפקמ .םימסיקה

k) .תסמומה האמחב הייטרוטה יחטשמ תא םישירבמ

l) .תוקד 35-45-כ רונתב לכה םילשבמ

m) ינפל תוקד 5 תוחפל דצב םירמושו םימסיקה תא םיריסמ .םיסרופיש

n) .הטנקיפה בטור לש תפסות םע םישיגמ

86.תינוכית - פי הציפ

ביכרמ

- סג תוצוצקו תוערזמ ,תוינבגע 2
- חלמ תיפכ 1
- תררוגמ הלרצומ תניבג .תויקנוא 8
- סג ץוצק ,םודא לצב 1
- ץוצק ירט םוקיליזב 'ג 1/4
- סורג רוחש לפלפ תויפכ 1/2
- תיז ןמש תופכ 2
- םיצוצק ,םיירט ונפל'ג ילפלפ 3
- םיסורפ םירוחש םיתיז 'ג 1/2
- תוסורפ תוירט תוירטפ 'ג 1/2
- הציפ בטור 'צ 1/2
- שארמ םייופא הציפ ימורק ('ץניא 12) 2
- תררוגמ הלרצומ תניבג .תויקנוא 8
- תררוגמ ןזמרפ תניבג 'צ 1/4

םינוויכ

(a .F תולעמ 450-ל ךלש רונתה תא רדגה

(b חלמה תא םירזפמו תוינבגעה תא םיפיסומ תשר תננסמב .הדיחא הרוצב

(c .זקנתהל ידכ תוקד 15-כ רויכב לכה רומש

(d ,הלרצומה לש .8 oz תא דחי םיבברעמ ,הלודג הרעקב ,וינפל'ג לפלפ ,לצב ,םיתיז ,תוירטפ ,תוטוחס תוינבגע .ןמשו םוקיליזב

e) הווש ןפואב סורקה ינש לע תוינבגעה בטור תא םיחינמ תרתי תא הירחאו ,תוינבגעה תבורעת תא םילעמו .ןזמרפה תניבגו הלרצומה

f) .תוקד 10-8-כ רונתב לכה םילשבמ

87.לצבו םילפלפ הציפ לכ

ביכרמ

- ןוחט ריזח קינקנ .תויקנוא 8
- תולק תופורט םיציב 5
- ןכומ הציפ םורק ('ץניא 12) 1
- הטוקיר תניבג 1
- ץוצק םודא לצב 'ג 1/4
- הצוצק היירט היינבגע .C 1/4
- ץוצק םודא לפלפ 'ג 1/4
- ץוצק קורי לפלפ 'ג 1/4
- תררוגמ הלרצומ תניבג .תויקנוא 8

םינווכ

a) השעתש ינפל F תולעמ 375-ל ךלש רונתה תא רדגה רחא רבד לכ.
b) םילשבמו ההובג-תינוניב שא לע הלודג תבחמ םיממחמ האלמ המחשהל דע קינקנה תא.
c) ,םיציבה תא םיפיסומו תבחמהמ ןמושה יפדוע תא םיננסמ ןיטולחל תובצייתמ םיציבהש דע םילשבמ זאו.
d) תא םהילעמו הציפ תינבת לע הציפה םורק תא םירדסמ םיינוציחה תווצקה תא םיריאשמו ,הטוקירה תניבג.
e) ,הטוקירה תניבג לעמ תויקינקנה תבורעת תא םיחינמ לפלפהו םודאה לפלפה ,היינבגעה ,לצבה תא הירחאו הלרצומהו קוריה.
f) .תוקד 15-כ רונתב לכה םילשבמ

88.הציפ בהוא

ביִכְרַמ

- מחל חמק ג 3
- הפטעמב םיליעפ םישבי םירמש (תויקנוא 0.25) 1
- םימימח םימ .C 1 1/4
- קלוחמ ,הלועמ תיתכ תיז ןמש תופכ 3
- ץוצק ירט ןירמזור תופכ 3
- הציפ בטור תיחפ (תויקנוא 14) 1
- תררוגמ הלרצומ תניבג ג 3
- תוסורפ ,תולשב תוינבגע 2
- סורפ ,יניקוז 1
- ינוחמצ ינורפפ תוסורפ 15
- םיסורפ םירוחש םיתיז תספוק (תויקנוא 2.25) 1

םינוויכ

a) 2-ו םימה ,םירמשה ,חמקה תא םיפיסומ םחל תנוכמב
ורציה ידי לע ץלמומה רדסה יפל תיזה ןמש תופכ.

b) לחתה לע ץחלו קצבה תרדגה תא רחב.

c) קצבה דותל ןירמזור שולל שי רוזחמה םויסב.

d) F תולעמ 400-ל ךלש רונתה תא רדגה.

e) םלדוגב םיווש םיקלחל השולשל קצבה תא םיקלחמ.

f) מ"ס 1/2-כ לש יבועב לב תרוצל קצב קלח לכ םיבצעמ
רתונה תיזה ןמשב קלח לכ םיפצמו.

g) הרוצב הציפ לכ לע הציפ בטור לש הקד הבכש םיחרומ
םיאושיקה ,תוינבגעה הירחאו ,הניבגה תא הילעמו הווש
םיתיזהו ינורפפה.

h) תוקד 15-20-כ רונתב לכה םילשבמ.

89.המדא יחופת ופוט הציפ

ביכרמ

- מירורגמ ,המדא יחופת 4
- ררוגמ ,ינוניב לצב 1
- מיפורט ,מיציב 2
- הרטמ לכל חמק 'ג 1/4
- תיז ןמש תופכ 2
- קד סורפ ,יניקוז 1
- קד הסורפ ,הבוהצ תעלד 1
- ץוצק ,קורי לפלפ 1
- קד סורפ ,לצב 1
- תוצוצק ,מוש יניש 2
- ררופמ ,ביצי ופוט .תויקנוא 6
- תוסורפ ,תוינבגע 2
- ץוצק ירט מוקיליזב תופכ 2
- תוינבגע בטור .C 1/2
- ןמוש אלל תררוגמ הלרצומ תניבג ג 1

מינוויכ

a) ינפל טייהנרפ תולעמ 425-ל ךלש רונתה תא רדגה 12 לדוגב הייפא תינבת ןמשו רחא רבד לכ השעתש 'ץניא.

b) יחופת ,ררוגמה לצבה תא דחי מיבברעמ הלודג הרעקב תינבתב תבורעתה תא מיחינמו הציבהו חמקה ,המדאה הנידע הציחלב הנכומה הייפאה.

c) תוקד 15-כ רונתב לכה מילשבמ.

d) ןמשב המדאה יחופת סורק לש ןוילעה קלחה תא םיפצמ
.תוקד 10-כ רונתב לכה םילשבמו

e) 3-כ םילשבמו םטפל תחתמ סורקה תא םיחינמ ,תעכ
.תוקד

f) .רונתהמ סורקה תא םיאיצומ

g) .םיכישממש ינפל F תולעמ 425-ל רונתה תא ןנווכ בוש

h) ,קוריה לפלפה ,ופוטה תא דחי םיבברעמ הלודג הרעקב
.םושהו סורפה לצבה ,םיאושיקה ,הבוהצה תעלדה

i) תבורעת תא םיציפקמו הלודג ןולפט תבחמ םיממחמ
.םיככרתמ תוקריהש דע ופוטה

j) בטורו םוקיליזבה תא דחי םיבברעמ הנטק הרעקב
.תוינבגעה

k) הווש ןפואב סורקה לע תוינבגעה בטורמ תיצחמ םיחינמ
.תוינבגעה תוסורפו םילשובמה תוקריה םהילעמו

l) תא םירזפמו הדיחא הרוצב בטורה תרתי תא לעמ םיחרומ
.הניבגה

m) .תוקד 7-כ רונתב לכה םילשבמ

90.תינווי הציפ

ביכרמ

- תיז ןמש ףכ 1
- תויבוקל דותח לצב 'ג 1/2
- תוצוצק ,םוש יניש 2
- רשפומ ,אופק ץוצק דרת הליבח (תויקנוא 10) 1/2 שבי טוחסו
- ץוצק ירט םוקיליזב 'ג 1/4
- ןומיל ץימ תויפכ 1/4 2
- שבוימ ונגרוא תויפכ 1/2 1
- םעטה יפל סורג רוחש לפלפ
- רוריקב הציפ םורק (תויקנוא 14) תחא הליבח
- תיז ןמש ףכ 1
- תרורגמ הלרצומ תניבג ג 1
- קד הסורפ ,הלודג היינבגע 1
- םילבותמ םחל ירוריפ 'ג 1/3
- תרורגמ הלרצומ תניבג ג 1
- תררופמ הטפ תניבג ג 3/4

םינוויכ

a) ינפל טייהנרפ תולעמ 400-ל ךלש רונתה תא רדגה רחא רבד לכ השעתש.

b) לצבה תא םינגטמו ןמש ףכ 1 םיממחמ הלודג תבחמב תוקד 5-כ םושהו.

c) תוקד 7-5-כ םילשבמו דרתה תא םיפיסומ.

(d ,ונגרואה תא המינפ םיבברעמ דימו שאהמ לכה םיריסמ
רקתהל דצב םירמושו לפלפהו ןומילה ץימ ,סוקיליזבה
.טעמ

(e לכה םיפצמו הלודג תינבת לע הציפה קצב תא םילגלגמ
.תורתונה תיזה ןמש תופכ 1-ב

(f לובג םיריאשמו ,קצבה לע דרתה תבורעת תא םיחינמ
.םיילושב ןטק

(g .דרתה לעמ הלרצומה תניבג .C 1 תא םיחינמ

(h דע הייגבנעה תוסורפו םחלה ירוריפ תא הרעקב םיבברעמ
.אלמ יופיצל

(i ,הלרצומה תניבג לעמ תוינבגעה תוסורפ תא םיחינמ
תניבגו הלרצומ תניבג לש םירתונה .C 1 תא ןהירחאו
.הטפ

(j .תוקד 15-כ רונתב לכה םילשבמ

91.הציפ טלס

ביכְּרַמ

םורק

- הרטמ לכל חמק 1 3/4 C.
- םירמש טסארק הציפ הפטעמ 1
- רכוס תויפכ 1 1/2
- חלמ תויפכ 3/4
- דואמ םימח םימ 2/3 C.
- הלועמ תיתכ תיז ןמש תופכ 3

תופסות

- הלועמ תיתכ תיז ןמש ףכ 1
- םוש תקבא תויפכ 1/4
- תררוגמ הלרצומ תניבג ג 2
- ץוצק לצב 'ג 1/4
- קד סורפ וא ץוצק רזג 'ג 1/4
- הצוצק תינמור הסח 4 C.
- תוצוצק תוירט תוינבגע 'ג 1
- ןכומ יקלטיא טלס בטור 1/4 C.
- תררוגמ ןזמרפ תניבג ג 1/4

םינווכ

a) ינפל טייהנרפ תולעמ 425-ל ךלש רונתה תא רדגה ןותחתה שילשב הלתמה תא רדסו רחא רבד לכ השעתש .רונתה לש

b) .הציפ תינבת םינמשמ

c) לקבלת הקורס בקערה גדולה, מוסיפים את הקמח, הסוכר, השמרים, השמן והמים החמים ומערבבים עד לקבלת תערובת אחידה.

d) לאט לאט מוסיפים את יתרת הקמח ומערבבים עד שנוצר בצק מעט דביק.

e) מניחים את הבצק על משטח מקומח ולשים אותו עד שהבצק הופך אלסטי

f) מניחים את הבצק על תבנית הפיצה המוכנה ומהדקים אותו.

g) עם האצבעות, צובטים את הקצוות כדי ליצור את השפה.

h) מצפים את הקורס ב-1 כף משחה ומפזרים אבקת שום.

i) מערבבים בקערה את הגזר, הבצל וגבינת המוצרלה.

j) משטחים את הקורס בתערובת גזר בצורה אחידה ומבשלים הכל בתנור כ-15-18 דקות.

k) בינתיים בקערה מערבבים יחד את הנותר.

l) מוציאים הכל מהתנור ושומרים בצד לצינון כ-2-3 דקות.

m) מעל הפיצה את תערובת גבינת הפרמזן ומגישים מיד.

92.הציפ חוניק

ביכרמ

- הרטמ לכל חמק 1 1/2 C.
- הייתשל הדוס תויפכ 2
- חלמ תיפכ 1
- תלגלוגמ לעוש תלוביש 2 1/3 C.
- האמח 'ג 1
- זורא םוח רכוס 'ג 1 1/2
- םיציב 2
- לינו תיצמת תויפכ 1/2
- ררוגמ סוקוק 1 1/2 C.
- קותמ יצח ספי'צ דלוקוש 'ג 2
- םיצוצק ךלמ יזוגא 'ג 1/2
- תוירכוס תופוצמ דלוקוש תוכיתח 1 C.
- םינטוב ג 1

םינוויכ

a) ינפל טייהנרפ תולעמ 350-ל ךלש רונתה תא רדגה
השעתש לכ רבד רחא ןמשו 2 תוינבת הציפ (10 'ץניא).

b) הייתשל הדוסה ,חמקה תא דחי םיבברעמ הלודג הרעקב
חלמהו.

c) רכוסה ,םיציבה ,האמחה תא םיפיסומ תרחא הרעקב
קלח םקרמ תלבקל דע םיפיצקמו לינוהו םוחה.

d) םיבברעמו האמחה תבורעתל חמקה תבורעת תא םיפיסומ
בטיה דחאתמ לכהש דע לכה.

(e .סוקוקהמ 'ג 1/2-ו םיזוגאה תא המינפ םילפקמ

(f תינבתב קלח לכ םיחינמו םיקלח 2-ל קצבה תא םיקלחמ
.'ץניא 10 לדוגב םילוגיעל לכה םיקדהמ ,הנכומה הציפה

(g .תוקד 10-כ רונתב לכה םילשבמ

(h ,סוקוקה ראש םע לכה לעמו רונתהמ לכה םיאיצומ
.םינטובהו תוירכוסה ,ספי'צ דלוקושה

(i .תוקד 10-5-כ רונתב לכה םילשבמ

93.תוציפ ינימ קינקיפ

ביכרמ

- ןוחט יקלטיא קינקנ ג"ק 1/2
- םוש חלמ תויפכ 1/2
- שבוימ ונגרוא תויפכ 1/4
- ןוסמ ,שותכ סננא ג 1
- םילצופמ ,םיילגנא םניפאמ 4
- תוינבגע קסר תיחפ (תויקנוא 6) 1
- תררוגמ הלרצומ תניבג (תויקנוא 8) תחא הליבח

םינוויכ

a) ינפל סויזלצ תולעמ 350-ל ךלש רונתה תא רדגה .הייפא תינבת תולק ןמשו רחא רבד לכ השעתש
b) םילשבמו ההובג-תינוניב שא לע הלודג תבחמ םיממחמ .האלמ המחשהל דע יקלטיאה קינקנה תא
c) .הרעקל קינקנה תא םיריבעמו ןמושה יפדוע תא םיננסמ
d) םיבברעמו חלמהו ונגרואה ,םושה ,סננאה תא םיפיסומ .בטיה
e) הייפאה תינבת לע םילגנאה םניפאמה יאצח תא םיחינמ .תחא הבכשב הנכומה
f) תא םהילעמו תוינבגע בטור םניפאמה יאצח לע םיחרומ .הלרצומה תניבגו תויקינקנה תבורעת
g) .תוקד 10-15-כ רונתב לכה םילשבמ

94.תיפורט זוגא הציפ

ביכרמ

- ןכומ הציפ םורק 1
- תיז ןמש ףכ 1
- תוריפ םעטב תנמש תניבג (תויקנוא 13.5) 1
- םיצוצקו םיננוסמ ,וגנמ תוסורפ תנצנצ (.26 oz) 1
- םיצוצק ךלמ יזוגא 'ג 1/2

םינוויכ

a) .הליבחה יפל רונתב הציפה םורק תא םילשבמ
b) .הדיחא הרוצב ןמשב םורקה תא םיפצמ
c) וגנמה תא םילעמו םורקה לע תנמשה תניבג תא םיחרומ .םיזוגאהו םיצוצקה
d) .םישיגמו היוצרה הסורפל םיכתוח

95.תויצומח ףוע הציפ

ביכרמ

- סיב לדוגב תוכיתחל םיכותח ,רוע אלל ףוע הזח יאצח 2
- יחמצ ןמש ףכ 1
- ןכומ הציפ םורק ('ץניא 12) 1
- תויצומח בטור .C 1 1/2
- הצוצק ,ירב תניבג .תויקנוא 6
- תררוגמ הלרצומ תניבג .תויקנוא 8

םינוויכ

a) F תולעמ 350-ל ךלש רונתה תא רדגה

b) ףועה תא בוברע ךות םינגטמו ןמשה תא םיממחמ ,תבחמב ןיטולחל ןכומ אוהש דע.

c) ןכומה הציפה םורק לע תויצומחה בטור תא םיחרומ הלרצומהו ירבה וירחאו ,ףועה תא םהילעמו.

d) .תוקד 20-כ רונתב לכה םילשבמ

96.החולמו הקותמ הציפ

ביכרמ

- םירשופ םימ ג 1
- הפטעמב םיליעפ םישבי םירמש (תויקנוא 0.25) 1
- הרטמ לכל חמק 'ג 3
- יחמצ ןמש תיפכ 1
- חלמ תיפכ 1
- תושבוימ םינאת 8
- קד סורפ ,ינוניב םודא לצב 1
- תיז ןמש ףכ 1
- חלמ טרוק 1
- שבוימ ןימיט תיפכ 1
- רמוש יערז תיפכ 1
- םיזע תניבג .תויקנוא 4
- דרוצה יפל וא ,תיז ןמש ףכ 1

םינוויכ

a) תא לעמ םירזפמו םימה תא םיפיסומ הלודג הרעקב .םירמשה

b) .ןיטולחל סמנ אוהש דע וא תוקד המכל דצב לכה רומש

c) רצונש דע םיבברעמו ןמשהו חלמה ,חמקה תא םיפיסומ .ביצי קצב

d) .תוקד 5-כ םישלו חמוקמ חטשמ לע קצבה תא םיחינמ

e) תבגמב םיסכמו תנמושמ הרעקל קצבה תא םיריבעמ .חבטמ

f) .תוקד 45-כ דצב לכה םירמוש

g) דצב םירמושו םינאתה תא םיפיסומ םיחתור םימ תרעקב תוקד 10-כ.

h) ןתוא םיצצוק זאו םינאתה תא םיננסמ.

i) תינוניב שא לע ןמש ףכ 1 םיממחמ תבחמב םייתניב דוכירל דע לצבה תא םינגטמו.

j) חלמב םילבתמו הכומנל שאה תא םיכימנמ.

k) תופסונ תוקד 10-5-כ בוברע דות םינגטמ.

l) רמושה יערזו ןימיתה ,םינאתה תא המינפ םיבברעמ שאהמ לכה םיריסמו.

m) תולק ןמשו סויזלצ תולעמ 450-ל ךלש רונתה תא רדגה הציפ תינבת.

n) 1/4 יבועב לוגיעל םיחרומו הציפה קצב תא םיררוחמ 'ןניא.

o) םישירבמו הנכומה הציפה תינבת לע קצבה תא םיחינמ רתונה תיזה ןמשב חטשה ינפ תא תולק.

p) הווש ןפואב םורקה לע םינאתה תבורעת תא םיחרומ תודוקנ תרוצב םיזיעה תניבג םע לכה לעמו.

q) תוקד 18-15-כ רונתב לכה םילשבמ.

97.תיוותס ןו'זיד הציפ

ביכרמ

- שארמ יופא הציפ םורק 1
- תוצוצק ,םוש יניש 2
- ןו'זיד לדרח ףכ 1
- ץוצק ,ירט ןירמזור יפנע 2
- ןבל ןיי ץמוח .C 1/4
- תיז ןמש 'ג 1/2
- תררופמ הלוחכ הניבג 'צ 1/4
- םעטה יפל לפלפו חלמ
- תררופמ הלוחכ הניבג 'צ 1/4
- תררוגמ הלרצומ תניבג ג 1/3
- תוסורפל םיכותחו םירעוגמ ,םיפולק - םיסגא 2
- תויולק זוגא תוכיתח .C 1/4

םינוויכ

a) ינפל טייהנרפ תולעמ 425-ל ךלש רונתה תא רדגה רחא רבד לכ השעתש

b) .הציפה םורק תא םיחינמ הציפ תינבתב

c) .תוקד 5-כ רונתב לכה םילשבמ

d) .האלמ תוררקתהל דצב םירמושו רונתהמ לכה םיאיצומ

e) ןירמזור ןו'זיד לדרח ,םושה תא םיפיסומ ,ןוזמ דבעמב .דוחיאל דע םיפיצקמו ץמוחו

f) םיפיצקמו ןמשה תא טאל םיפיסומ ,לעופ עונמהש ןמזב .הקלה תבורעת תלבקל דע

g) לפלפו חלמ ,הלוחכה הניבגהמ 'ג 1/4-כ םיפיסומ .דוחיאל דע םיפיצקמו

h) מורחים את הוויניגרט על גבי קליפת הפיצה באופן שווה ומפזרים את הגבינה הכחולה שנותרה ולאחר מכן גבינת מוצרלה.

i) מעל הכל עם פרורות אגסים ואגוזים קלויים.

j) מבשלים הכל בתנור כ-7-10 דקות.

98.הלוזנוגרוג תיתאמח הציפ

ביכרמ

- האמח 'ג 1/8
- קד םיסורפ ,םילודג הילדיו ילצב 2
- רכוס תויפכ 2
- רוריקב הציפ קצב (תויקנוא 10) תחא הליבח
- תררופמ ,הלוזנוגרוג תניבג ג"ק 1

םינוויכ

a) תינוניב שא לע האמחה תא םיסיממ הלודג תבחמב תוקד 25-כ לצבה תא םידאמו.

b) ףוצר בוברע דות םילשבמו רכוסה תא הנימפ םיבברעמ תוקד 2-1-כ.

c) ןמשו סויזלצ תולעמ 425-ל דלש רונתה תא רדגה הציפ תינבת.

d) םיקדהמו הנכומה הציפה תינבת לע קצבה תא םיחינמ יוצרה יבועל ותוא.

e) םהירחאו ,הווש ןפואב םורקה לע םילצבה תא םיחינמ הלוזנוגרוגה.

f) תוקד 10-12-כ רונתב לכה םילשבמ.

99.הלוגורא םיבנע הציפ

ביכרמ

- שארמ ןכומ הציפ קצב .תויקנוא 16
- הטספ בטור .1/2 C
- תררוגמ אלמ בלח הלרצומ 'ג 1/2
- תררוגמ ןולובורפ תניבג ג 1/2
- תררופמ ,םיזיע תניבג 'צ 1/4
- םירבונצ .1/4 C
- םייוצח ,םימודא םיבנע 10
- קד ץוצק ,הלוגורא .1/4 C
- םישבוימ ןירמזור ילע ףכ 1
- שבוימ ונגרוא ףכ 1
- תשבוימ הרבסוכ תויפכ 1/2

םינויכ

(a ינפל סויזלצ תולעמ 475-ל ךלש רונתה תא רדגה הייפא תינבת ןמשו רחא רבד לכ השעתש.

(b הנכומה הייפאה תינבת לע הציפה קצב רודכ תא םירדסמ קד קצבה זכרמ תא םיחטשמו.

(c .'ץניא 12-14 תויהל ךירצ םורקה לש רטוקה

(d הרבסוכה ,הלוגוראה ,הטספה בטור תא הרעקב םיבברעמ ונגרואהו.

(e .הדיחא הרוצב קצבה לע בטורה תבורעת תא םיחרומ

(f ןפואב בטורה לע ןולובורפהו הלרצומה תוניבג תא םיחינמ הווש.

(g םיזיעה תניבג ,ןירמזורה םהירחאו ,םיבנעה תא לכה לעמ םירבונצהו.

h) .תוקד 11-14-כ רונתב לכה םילשבמ

100. פיצה בסגנון צרפתי

ביכרַמ

- קד הציפ סורק 1
- יצחל םיסורפ ,םימודא םיבנע 'ג 2
- תררופמו המוחש ,תיקלטיא היקינקנ ג"ק 1/2
- הייריט םיזיע תניבג .תויקנוא 6
- תיתכ תיז ןמש
- לפלפו חלמ

םינוויכ

a) ינפל טייהנרפ תולעמ 450-ל דלש רונתה תא רדגה .רחא רבד לכ השעתש
b) .הציפ תינבת לע הציפה סורק תא םירדסמ
c) לפלפהו חלמה תא םירזפמו ןמשב סורקה תא םישירבמ .רוחשה
d) םיבנעה תא וירחאו ,הציפה סורק לע קינקנה תא םיחינמ .םיזיעה תניבגו
e) .תוקד 13-15-כ רונתב לכה םילשבמ

םוכיס

,םלועב םיירלופופהו םיטושפה םילכאמה דחא והזש תורמל היצולובא לש םינש תואמ .רזומ ןפואב רידגהל השק הציפ ויהש םיכועמ םיניערגמ תויושעה תוציצקהמ התוא וכפה הרושק איהש תורמלש ,הנמל הלש רתויב םימדקומה םימדוקה אצאצכ יוהיזל ןתינ יתלב טעמכ ,תומדקומ םינגד תוגוע ןתואל םינגדמ ,ירקיעה ביכרמב יונישה אוה רתויב יתועמשמה .ןהלש הנמל רבד לש ופוסבו ,דבלב הטיח סיסב לע קצבל םינוש םיסג .ןבל חמק םע קרו ךא טעמכ היושעה

,הבכרהו ,תובר תורוצ השבל הציפהש תורמל ,תאז םע התנכהל שמשמה דויצהו הנכהה תוטיש ,םינילבתה ,תופסותה חוטש םחלב רבודמ בורל ,םינשה ךלהמב ינוציק ןפואב ונתשה .תוהובג תורוטרפמטב הפאנש

CPSIA information can be obtained
at www.ICGtesting.com
Printed in the USA
LVHW081201090223
739019LV00012B/1072
9 781805 426738